LOS TACOS DE MÉXICO

AGUILAR

Copyright © Martha Chapa, 2008.

De esta edición:
D. R. © Santillana Ediciones Generales, S.A. de C.V., 2008.
Av. Universidad 767, Col. del Valle.
México, 03100, D.F. Teléfono (52 55) 54 20 75 30

Argentina
Av. Leandro N. Alem 720.
C1001AAP, Buenos Aires.
Tel. (54 114) 119 50 00
Fax (54 114) 912 74 40

Bolivia
Av. Arce 2333.
La Paz.
Tel. (591 2) 44 11 22
Fax (591 2) 44 22 08

Colombia
Calle 80, 10-23.
Bogotá.
Tel. (57 1) 635 12 00
Fax (57 1) 236 93 82

Costa Rica
La Uruca,
Edificio de Aviación Civil, 200 m
al Oeste
San José de Costa Rica.
Tel. (506) 220 42 42 y 220 47 70
Fax (506) 220 13 20

Chile
Dr. Aníbal Ariztía 1444.
Providencia.
Santiago de Chile.
Telf (56 2) 384 30 00
Fax (56 2) 384 30 60

Ecuador
Av. Eloy Alfaro N33-347 y Av. 6
de Diciembre.
Quito.
Tel. (593 2) 244 66 56 y 244
21 54
Fax (593 2) 244 87 91

El Salvador
Siemens 51.
Zona Industrial Santa Elena.
Antiguo Cuscatlan - La Libertad.
Tel. (503) 2 505 89 y 2 289 89 20
Fax (503) 2 278 60 66

España
Torrelaguna 60.
28043 Madrid.
Tel. (34 91) 744 90 60
Fax (34 91) 744 92 24

Estados Unidos
2105 NW 86th Avenue.
Doral, FL 33122.
Tel. (1 305) 591 95 22 y 591 22 32
Fax (1 305) 591 91 45

Guatemala
7ª avenida 11-11.
Zona nº 9.
Guatemala CA.
Tel. (502) 24 29 43 00
Fax (502) 24 29 43 43

Honduras
Boulevard Juan Pablo, casa
1626.
Colonia Tepeyac.
Tegucigalpa.
Tel. (504) 239 98 84

México
Av. Universidad, 767.
Colonia del Valle.
03100, México D.F.
Tel. (52 5) 554 20 75 30
Fax (52 5) 556 01 10 67

Panamá
Av. Juan Pablo II, 15.
Apartado Postal 863199,
zona 7.
Urbanización Industrial La Loce-
ría. Ciudad de Panamá
Tel. (507) 260 09 45

Paraguay
Av. Venezuela 276.
Entre Mariscal López y España.
Asunción.
Tel. y fax (595 21) 213 294 y
214 983

Perú
Av. San Felipe 731.
Jesús María.
Lima.
Tel. (51 1) 218 10 14
Fax. (51 1) 463 39 86

Puerto Rico
Av. Rooselvelt 1506.
Guaynabo 00968.
Puerto Rico.
Tel. (1 787) 781 98 00
Fax (1 787) 782 61 49

República Dominicana
Juan Sánchez Ramírez 9.
Gazcue.
Santo Domingo RD.
Tel. (1809) 682 13 82 y 221
08 70
Fax (1809) 689 10 22

Uruguay
Constitución 1889.
11800.
Montevideo.
Tel. (598 2) 402 73 42 y 402
72 71
Fax (598 2) 401 51 86

Venezuela
Av. Rómulo Gallegos.
Edificio Zulia, 1º.
Sector Monte Cristo.
Boleita Norte.
Caracas.
Tel. (58 212) 235 30 33
Fax (58 212) 239 10 51

Primera edición: abril de 2008.
ISBN: 978-970-770-707-8
Diseño de cubierta e interiores: S consultores en diseño.
Formación: Angélica Alva Robledo.
Fotografías: Martha Chapa, excepto las de las páginas 86, 207, 219, 243, 261-264,
Sara Schulz y 231, Tim y Annette Gulick / Stockxpert®.
Retoque digital de fotografías: S consultores en diseño.
Impreso en México.

Martha Chapa

LOS TACOS DE MÉXICO

Con prólogo de José N. Iturriaga de la Fuente

AGUILAR

ESTE LIBRO ESTÁ DEDICADO A

ESA PAREJA DE LA DIVINIDAD
CHICOMECÓATL Y CINTÉOTL, DIOSA Y MAÍZ, QUE
NOS DEJÓ ESTA GRAMÍNEA COMO OBSEQUIO
ETERNO DE SABOR, ALIMENTO, HISTORIA,
LEYENDA Y CULTURA.

ÍNDICE

1. LOS MIL Y UN TACOS DE MÉXICO

2. EL GRAN RECETARIO

AGRADECIMIENTOS

Gracias, lectores queridos, por otorgarle a la gastronomía la dimensión que merece. Me emociona compartir mis aventuras en torno a los tacos porque representan un profundo amor a ellos, símbolo de la identidad de México. Por medio de sus sabores entenderemos un hecho fundamental de nuestra cocina, de nuestra nacionalidad. Mi alegría se multiplica al contemplar la posibilidad de que este libro esté en sus manos, pues son ustedes quienes me inspiran humanamente. Por todo ello, me entusiasma la oportunidad de compartir sueños y otorgo un reconocimiento a los que han estimulado el camino de la buena mesa y asimismo, por supuesto, a los que me han apoyado en este delicioso e importante proyecto. Agradezco a todos los que me han acompañado en el camino: nunca se llega solo, sino con el cariño de quienes brindan su fe y su confianza. Especialmente quiero hacer una mención a Alejandro Ordorica, mi amor y compañero en todo, incluyendo la "cultura del taco". Y a José N. Iturriaga de la Fuente, destacado antropólogo, no sólo por su texto introductorio sino por su libro *De tacos, tamales y tortas*, fuente bibliográfica destacada.

Desde luego, gracias a Karina Simpson, por su decisivo y solidario apoyo en la edición de este libro.

Hacemos posible esta obra quienes amamos la Ciudad de México, quienes pensamos que aún pueden triunfar los valores, a pesar de nuestros temores y desesperanzas cotidianas, fieles a la idea de que puede salvarse este país.

En fin, esfuerzos como éste son los que confirman una vocación de la cultura popular y de todos aquellos que, tocados por la sensibilidad y la inspiración, contribuyen a construir un mundo superior, aportando sus sueños y experiencias para lograr la transformación de nuestro México.

NOTA DE LA AUTORA

Aunque existen muchas publicaciones especializadas sobre antojitos, el presente libro plantea una nueva visión, al intentar ofrecer un vasto panorama centrado sólo en los tacos. Además, estoy cierta de que éstos merecen toda una obra para honrarlos, venerarlos y difundirlos, de ser posible, todavía un poco más, y quizá para que algunas grandes cadenas transnacionales reparen en las auténticas recetas.

OBERTURA DEL APETITO

La tortilla, o pan precortesiano, es el acompañante obligado de la mayoría de nuestros platillos nacionales. Suele usarse como envoltorio de los guisos y es con ese mero acto de envolver (o enrollar) que surge el mexicanísimo taco.

En su *Diccionario de mejicanismos*, Francisco J. Santamaría ubica en España las raíces de esa cotidiana palabra al decir que: "Todo proviene de que ataca." Antonio del Bajío reflexiona que esa voz "deriva de una corrupción —tan común entre los españoles de nuestros dialectos americanos— de las variedades de tortilla que consigna fray Bernardino de Sahagún: *Ueitlaxcalli*, *quauhtacualli* y *tlaxcalpocholi*, es decir, de *tacualli* o *tlaxcalli*, *tlaco* y finalmente taco."

El historiador Héctor Manuel Romero resalta otro parentesco de raigambre hispana: "A partir del siglo XVIII, en España empezó a designarse 'taco' al bocado o comida muy ligera que suele tomarse fuera de las horas de comer en Aragón y Navarra. En esta última, es la comida que hacen los trabajadores del campo entre las diez y las 11 de la mañana. Es, además, la cena que por la noche toman en la taberna y la vianda que el viajero lleva para el camino."

En la décima acepción de su significado, el *Diccionario de la Real Academia de la Lengua española* le concede el de: "Tortilla de maíz enrollada con algún alimento dentro, típica de México." Y en la acepción decimotercera lo señala como: "Bocado o comida muy ligera que se toma fuera de las horas de comer."

Otras acepciones se refieren a objetos que son, como nuestros tacos, cilíndricos y más o menos largos: el taco que aprieta la pólvora de las "escopetas de chimenea", el taco o taquete de los carpinteros y electricistas, el taco del billar y los tacos de los zapatos de futbol. A la parte trasera del calzado se le llama tacón.

Para no dejar fuera otros elementos de juicio, cabría asimismo considerar cuál es el origen de la expresión "darse su taco", o sea darse mucha importancia a sí mismo (es decir, "echarle mucha crema a sus tacos").

* * *

Nuestra anfitriona en estas páginas, la artista de los lienzos y las cazuelas, Martha Chapa, hace un recuento enorme de los tacos. Podría calificarse de exhaustivo, si no fuera porque la nómina de los tacos es tan infinita como la de los alimentos mexicanos mismos, pues hay tantos tacos como las expresiones existentes del sustento popular de nuestro país, siempre y cuando sean susceptibles de ser enrolladas en una tortilla. (Y aun esto habría que revisarlo, pues hay tacos que casi no alcanzan a "cerrarse", como el de arroz a la mexicana con un huevo cocido o el de una costilla de cerdo en salsa verde, con todo y hueso).

En todo caso, y sin forzar la realidad, podemos asegurar que los tacos están claramente tipificados por familias, con características propias de cada una de ellas. Y no sólo por lo que se refiere a sus ingredientes, maneras de cocción y formas de preparación, sino incluso por lo que respecta a las clases socioeconómicas que acostumbran comerlos en cada caso y los horarios en que se habitúa ingerir cada tipo de taco.

Hagamos una somera revisión de tales rubros "tacológicos".

TACOS DE CARNITAS DE PUERCO Y DE CHICHARRÓN

Su origen es de Michoacán y Jalisco, pero es una de las variedades más difundidas en todo el país. Estos tacos poseen un amplio espectro gustativo: el tradicional de maciza (medio seca en el lomo y la pierna, más jugosa en las costillas) y la suculenta nana o útero (matriz) de las puercas, la sabrosa trompa y la cartilaginosa oreja, la exótica pajarilla o páncreas y el consistente corazón, el ortodoxo buche o estómago, el cachete y el bofe o pulmón, la delicada papada con grasa entreverada, el hígado y los cueritos (delgados o con gordo). Combinar estas dos últimas partes del cerdo constituye un hábito goloso de especialistas, porque a la áspera textura y fuerte sabor del hígado se le agrega la suavidad del cuerito gordo.

No es inútil aclarar algunos términos y advertir que el famoso nenepil es el conjunto de nana y buche, en tanto que la chanfaina o asadura es el corazón, el bofe y el hígado juntos.

Los tacos de carnitas deben llevar cebolla y cilantro picados, con una salsa roja de jitomate, ajo, chile jalapeño y chile de árbol seco, todo crudo, con sal de grano y un poco de agua. Ahora se sustituye el molcajete, de manera muy eficiente, con un molino de mano para nixtamal o café, que aunque no da el sabor de la piedra, sí deja la textura parecida a la que resulta con ese utensilio precolombino.

En las taquerías "de postín" no suelen hacer la salsa de molcajete (en la cual está el secreto, como en la cocina francesa) y además no tienen el surtido completo de la anatomía porcina. Yo frecuento una pequeña y popular taquería ubicada en la calle Bajío casi esquina con Monclova, en la colonia Roma de la Ciudad de México, donde a diario hacen sus carnitas y, por supuesto, esa salsa. El horario de este tipo de taquerías es del mediodía hasta la noche.

* * *

Como todos sabemos, el chicharrón es el cuero del cerdo. Una vez rasurado el animal con agua hirviendo, se abre en canal, se despega el cuerpo de la piel y ésta puede freírse con las carnitas para dar lugar a los suaves cueritos, o bien, seguir otro largo proceso de tres días para convertirse en chicharrón. No todos saben cómo hacerlo.

La piel cruda del cerdo se sala y se orea durante el primer día. El segundo día, la piel, cortada en grandes trozos rectangulares, se "sancocha" (para usar el término habitual entre carniceros); es decir, se fríe a fuego lento en manteca del propio animal, lo que da por resultado planchas durísimas prácticamente incomibles, que se dejan reposar. El tercer día se "truenan" esos pedazos, uno a uno; este último paso consiste en freírlos unos cuantos segundos en manteca a alta temperatura, lo que infla, arruga y truena cada rígida plancha. Unos diez o quince segundos bastan; se saca el chicharrón tronado, que es flexible y, conforme se enfría, se endurece hasta el punto delicioso que conocemos bien.

Los tacos de chicharrón deben comerse con salsa verde cruda, de tomate con cebolla, cilantro y chile serrano.

Otra cosa es el *chicharrón prensado*. Son los pequeños trozos residuales de carne y cueros que quedan como asiento en la paila donde se hicieron las carnitas. Su nombre proviene de que ese tipo de chicharrón ya cocido se prensaba en marquetas para el fácil manejo hacia su destino final: el taco (aunque también se acostumbra comerlo como relleno de sabrosas quesadillas). A ese asiento sólido también le dicen *chiquitas*.

TACOS DE CABEZA DE RES

Esta familia también surgió en el Bajío. Los tacos de cabeza pueden ser de la consabida maciza, de trompa, de cachete, de lengua, de nervio, de paladar —que, si se come "con todas las de la ley", ha de tener mezclado hueso blando de la misma región palatina—, de molleja (la glándula tiroides de la res), de sesos y de ojo. Sólo los expertos sibaritas saben disfrutar la suavidad cartilaginosa y el finísimo sabor del ojo.

Un puesto clásico de tacos de cabeza se reconoce desde luego: una manta blanca y humeante de vapor cubre la carne y las tortillas que están sobre una charola metálica con agujeros; abajo de ella, hierve agua para vaporizar. Si en verdad es clásico el puesto, han de vender también tacos de tripa gorda o intestino grueso y de tripa de leche o machitos de res (intestino delgado), cuya venta está ligada a los tacos de cabeza por la manera de cocinarse.

Estos tacos se preparan con cebolla y cilantro picados, y una salsa verde donde todo va hervido, sin freír: el tomate, la cebolla y el chile serrano.

Entre los mejores tacos de cabeza que conozco en la Ciudad de México, se encuentran los de un puesto en el tianguis de antojitos de Coyoacán, atrás de la parroquia de san Juan Bautista, junto a la famosa cantina La Guadalupana. Los horarios habituales de estos tacos son de tarde y noche, y nunca se observa en sus taquerías a personas acomodadas.

En el norte del país hacen los tacos de cabeza hervida con toda la carne desmenuzada y, por tanto, sólo hay de surtido.

TACOS DE BARBACOA

En vista de que este platillo se prepara enterrando la carne envuelta en pencas de maguey, dentro de un hoyo en la tierra con brasas y piedras calientes en el fondo, su consumo original corresponde precisamente a los estados pulqueros aledaños a la Ciudad de México: Hidalgo, Tlaxcala, Puebla y el Estado de México, además de la propia capital.

En diversas partes del mundo se ha inventado esta forma de cocimiento, sin que al parecer unas y otras hayan tenido ningún contacto entre sí. Hay referencias de este método en Nueva Zelanda, China y África. (Caso similar es el de los tamales: comestibles envueltos en hojas vegetales, que los hay en varios continentes).

Hoy en día, la barbacoa tradicional es de borrego. Si en la región no se cría ganado lanar, se hace de chivo. Rara vez se prepara de pollo o de cerdo, exceptuando el caso yucateco del *mucbipollo* y de la cochinita *pibil*, pues ambos alimentos son, de hecho, barbacoa, ya que se cuecen en hoyo.

A estos tacos se les agrega *salsa borracha*, llamada así por tratarse de una emulsión de pulque y chile pasilla.

En una preparación alternativa, el estómago del borrego o del chivo se rellena con las vísceras picadas y un condimento de chiles, hierbas de olor y especias; este virtual paquete, llamado *montalayo*, también se hace barbacoa. En algunas regiones del sur del Estado de México se acostumbra rellenar el intestino grueso con los sesos y la médula espinal preparados con cebolla y epazote, para convertirlo igualmente en barbacoa. *Obispo* es su nombre y con él se alude a la proverbial gula del alto clero.

Estos tacos se acostumbran al mediodía, rara vez como desayuno y nunca para cenar; sus *habitués* son de todas las clases socioeconómicas, aunque hay pomposos lugares que los venden a precios prohibitivos para el pueblo. En todo caso, los albañiles no perdonan una barbacoa en su día, el de la Santa Cruz, que es el 3 de mayo (si el patrón no es avaro, la debe invitar él).

Son excelentes los tacos de barbacoa de los restaurantes Arroyo y El Venadito en el sur de la Ciudad de México, y los del Bajío por Azcapotzalco. Famosos, también, son los de Los Tres Reyes en la colonia Alfonso XIII: con moronga, machitos y criadillas (o sea, los testículos) en barbacoa.

FLAUTAS O TACOS DORADOS

Se trata de una variedad, quizá originaria de Morelos, en la cual el taco se fríe hasta quedar por completo dorado, resulta tan rígido como el instrumento musical al que alude su nombre. Se rellenan de barbacoa o de carne de res deshebrada. Su atractivo apetitoso surge de su acabado barroco: se les pone cebolla, aguacate y jitomate en tiras, lechuga picada y crema, salsa frita de tomate verde y queso desmoronado. Su consumo es muy generalizado en el país.

Su acompañamiento tradicional es, primero, para abrir boca, una tostada de pata de res y, de bebida, un buen tepache.

Uno de los mejores establecimientos en la Ciudad de México (muy popular y modesto, como suelen ser estas taquerías), está en el jardín principal de Coyoacán, a la vuelta de la conocida heladería Siberia, y se llama La Fe. Los horarios de esta familia de tacos son de mediodía hasta la noche, no muy tarde.

TACOS DE FRITANGAS

Su desarrollo se ha dado en la Ciudad de México. Estos tacos son inconfundibles: en un gran recipiente redondo y metálico (como charola), siempre lleno de manteca hirviendo, nadan revueltos el suadero de res (la carne que está encima del costillar) y la longaniza de cerdo. Nunca faltan —colgados por el puestero para tenerlos a la mano— la cecina de puerco adobada y los típicos machitos de carnero o intestino delgado, hervidos previamente y listos para ser fritos hasta dorarse. Se sirven estos tacos con cebolla y cilantro picados, agregándoseles una salsa roja de chiles secos o verde espesada con aguacate.

En la Ciudad de México, son famosos los de San Cosme, en su acera sur, entre Insurgentes y Mascarones, y también los de Tizapán, en San Ángel, casi frente a lo que fue la delegación Álvaro Obregón, a una cuadra de la universidad ITAM.

El horario de este tipo de taquerías es para trasnochados: desde el mediodía hasta bien avanzada la madrugada. Sus clientes son más bien gente del pueblo, aunque no es raro ver ahí a algún parrandero de clase acomodada.

Un caso de excepción son los tacos de cola de becerro mamón, de panza, de tripa y de cuajar que venden en la calle de Carrillo Puerto, en Tacuba, cerca del ex Colegio Militar.

TACOS DE CANASTA O SUDADOS

Son característicos de la Ciudad de México. Estos tacos no se preparan al momento: vienen dentro de una canasta —con frecuencia colocada sobre la parrilla de una bicicleta— ya elaborados y debidamente envueltos en tela corriente y papel de estraza desde la casa del fabricante hasta la boca ávida del consumidor. Los más gustados son de mole verde de pipián con carne de cerdo, de carne de res deshebrada guisada, de adobo de ternera, de papa, de chicharrón en salsa roja, de frijoles refritos y de picadillo de res.
Son ideales para degustarse con discreción atrás de un mostrador o del escritorio. Sólo se venden hacia el mediodía; nunca en la mañana ni en la noche. Sus aficionados corresponden a las clases medias y bajas.
Los mejores que conozco se colocan en la esquina suroeste de Insurgentes Sur y Extremadura, y otros en República de El Salvador casi esquina con Isabel la católica. El secreto de este tipo de tacos son los chiles en vinagre hechos en casa y una salsa verde, como guacamole aguado.

TACOS DE GUISADO

Estos tacos tienen un viejo arraigo y en la capital de la república aún subsisten taquerías de este género fundadas a principios del siglo xx, como Beatricita, ubicada en la calle de Uruguay, cerca de Bolívar, en el centro de la ciudad.
Los guisos que más se acostumbran —provenientes de diversos lugares del país—, y que han convertido en una variedad independiente a esta clase de tacos, son: carne de puerco en mole verde de pipián, pollo deshebrado en mole poblano, chicharrón fresco en salsa verde de tomate o en chile macho, menudencias de pollo con salsa de chiles guajillo y chipotle, guiso de rellena o moronga (sangre de cerdo cocida dentro del tejido vacío del intestino grueso), longaniza, hongos en salsa de chile morita seco, sesos con epazote, nopales con huevo, calabacitas con dientes de elote y muchos otros más. Estos tacos suelen comerse al mediodía y son más bien populares.

TACOS AL PASTOR

Estos tacos son relativamente nuevos en México y provienen del Cercano Oriente. Hoy en día, en la ciudad de Beirut, por ejemplo, se encuentran puestos de banqueta, como en la Ciudad de México, donde gira una varilla vertical que tiene insertados bisteces adobados de cordero asándose a fuego directo con carbón o gas. En Líbano se sirve esa carne dentro de una gruesa tortilla de harina de trigo o pan árabe, con alguna salsa de especias. En Grecia les llaman *giros*, aludiendo al movimiento circular del eje.
En la Ciudad de México hay muchos buenos lugares para comerlos, desde luego de carne de cerdo y con tortillas de maíz. Entre ellos, la cadena El Farolito, en la colonia Condesa.

TACOS AL CARBÓN O A LA PARRILLA

Es también una modalidad muy reciente que tiende a satisfacer paladares que, siendo "tacoadictos", como mexicanos que son, los avergüenza pedir un taco de trompita, de cachete, de nana o de ojo; prefieren solicitar un taco de *beefsteak*, de costilla de res o de chuleta de cerdo.

TACOS INDÍGENAS (*LA ZOOLOGÍA FANTÁSTICA*)

Más que una variedad, se trata de una serie de tacos regionales exóticos. Como mero ejemplo, tenemos tacos de charales o pequeños pescaditos, tacos de gusanos de maguey o de *chinicuiles* (aquéllos de las pencas, éstos de la raíz), tacos de acociles o camarones miniatura, tacos de escamoles o hueva de hormiga, tacos de jumiles o chinches de monte que se comen vivas, tacos de chapulines, y aquí cabría un largo etcétera.

LAS BURRITAS

Así se les llama, en forma genérica, a todas las diferentes clases de tacos norteños hechos con tortilla de harina de trigo. En Chihuahua y otras partes les asignan ese mismo nombre, pero en masculino. Las burritas más usuales son las de machaca o carne de res seca deshebrada y frita con cebolla picada y revuelta con huevo; a veces se le pone jitomate y chile. En Sonora les dicen chimichangas a las burritas fritas.

* * *

Aunque la alegría que le es natural a Martha Chapa la lleva a abordar cualquier asunto sin estiramiento académico, gravedad ni formalismos, sino con sinceridad y simpatía; siendo juiciosa pero ausente de seriedad circunspecta, debemos decir que esta obra suya de recopilación y reflexión es una aportación a un tema de trascendencia.

La cultura popular es un claro reflejo de la idiosincrasia de los pueblos y su gastronomía es parte muy relevante de esa cultura; tanto como el idioma, la religión, las tradiciones sociales y familiares, la memoria histórica, las artesanías y la música.

Los tacos en México son un antojito, pero son también el elemento nutrimental cotidiano de la mayor parte del pueblo rural o urbano. El hecho de enrollar una tortilla alrededor de cualquier alimento da a luz al taco, y ese alumbramiento inconsciente de nuestra forma de sustento sucede a diario.

A propósito dijimos "nutrimental": la dieta básica de maíz, frijol y chile ha sido históricamente vituperada, sobre todo al compararla con el trigo primermundista. Pero baste recordar que esa dieta alimentó a los constructores de Teotihuacan, Palenque, Chichén Itzá, Tajín, Monte Albán, Tula, y se produjeron en nuestro país muchas otras expresiones notables dentro de la cultura y el arte universales.

Este asunto de la gastronomía popular no sólo es materia de cocineros y ma-
yoras, de gourmets y de gourmands, de glotones y de antojadizos. También es,
y cada vez más reconocido, tema de estudio de antropólogos y sociólogos, de
historiadores y arqueólogos.

Bienvenidas pues, estas páginas deleitosas e ilustrativas de la empeñosa y fruc-
tífera Martha Chapa.

José N. Iturriaga de la Fuente

LOS MIL Y UN
TACOS DE
MÉXICO

¡BIENVENIDOS AL PARAÍSO DEL SABOR!

Capítulo I

TACOS DE AYER Y DE HOY

Alimentarse es lo primero que hace el hombre, incluso en el vientre materno el hombre se nutre. Este acto primario lo llevó a probar la fruta prohibida y le dio sabor a su desobediencia —quede asentado que fue por placer y no por otro motivo que se animó a degustar la manzana del árbol de la sabiduría. Con esa acción el hombre aprendió que comer era pecado, una culpa de la que no acabamos de redimirnos, un veneno por el cual sufrieron el primer hombre y la primera mujer. Pero también aprendió a convertirlo en nutrimento, en contraveneno, en panacea que lo libra de enfermedades, de males y de la muerte. Esto hizo de la cocina el primer quehacer de la mujer, quien puso en boca del hombre el bocado que, según la Biblia, lo condenó, pero que en realidad le dio libertad, conocimiento y conciencia propia.

A ese acto inaugural se debe que brindarle a los guisos un sabor inédito, un olor desconocido, una consistencia distinta, sea una preocupación constante del ser humano; esos colores vírgenes que se oyen o el sabor que se ve, son un sueño que se multiplica a sí mismo. Se trata de convertir el bocado que le ocasionó al hombre el destierro del paraíso, en otro que lo devuelva al mismo edén.

Guisar es transformar la materia prima que da la naturaleza en alimento. Hacer que el dolor se convierta en placer. Las especias, los ingredientes, los proporciona Dios, pero combinarlos para obtener nuevos sabores, hasta transformar un platillo en obra de arte, es labor del género humano. Así pasamos de la sombra de la cueva a la luz del hogar; avivamos el fuego, la lumbre, la brasa en que se cuecen el pan, la hostia que nos comunica con nuestro Creador.

Por estas razones, la alimentación y la cocina desempeñan un papel esencial en el desarrollo del ser humano, son parte fundamental de la existencia. No sólo nos dan vida sino también placer, favorecen la convivencia y nos permiten encontrar nuestros valores, sus componentes forman parte de nuestra historia y cultura. Cada raza, cada región y cada nación se caracterizan, entre otros rasgos, por su gastronomía, misma que confiere a las distintas etnias y culturas parte importante de sus peculiaridades.

Es por ello que pese al transcurso de los siglos, la cocina no se agota y sigue transformándose venturosamente. Aun con la riqueza que posee la gastronomía, todavía están por descubrirse nuevos olores, sabores, formas, colores y texturas. Los seres humanos aspiramos a olerlas, gustarlas, verlas y palparlas. Asimismo, anhelamos inventar platillos que alcancen esa privilegiada conjunción de todos los sentidos para beneficio del cuerpo, del alma y de la mente.

La gastronomía también es aprendizaje, en un guiso encontramos la esencia de la familia, la región y el país que lo gestó y, por supuesto, su presencia se hace más intensa con el paso del tiempo: los sabores que sellaron nuestra infancia nos acompañan a cualquier lugar al que vayamos.

De la misma manera que como ocurre en el plano individual, la gastronomía de un pueblo revela su esencia. Sus costumbres alimenticias son una manera de definirlo y su historia renace todos los días en sus guisos, sabia manifestación de la memoria colectiva, la cual se conforma por una infinidad de procedimientos e ingredientes propios de la geografía y la historia: es una de las expresiones más íntimas de la cultura. México en su comida, encarna el conjunto de luchas de un pueblo que cree en la libertad y que merece un destino mejor, un pueblo integrado tanto por factores étnicos, históricos y un lenguaje común —además de por un rico mosaico de lenguas indígenas—, como por la religión y una visión de la vida y la muerte.

En nuestro país tenemos bellas costumbres relacionadas con la comida. Por ejemplo, durante los primeros días del mes de noviembre —los días de muertos—, le damos de comer a los difuntos como una manera contundente de homenajear la memoria de nuestros deudos a través de los sabores. La comida que se prepara en esas fechas merecería un libro completo, pero me limito a mencionar las viandas más populares, como los atoles o el chocolatito caliente muy bien batido, la alegoría de tamales que humean sobre los platones. Por supuesto, no pueden faltar los tacos, y qué decir de los moles o de la bebida, ésa que se necesita tanto como resume la frase genial: "¿Por qué bebes? Pues para olvidar que bebo." (O, como dicen en mi tierra: "La borrachera es del tamaño de la culpa.")

También están presentes la calabaza en piloncillo, el pan de muerto, las calaveritas de azúcar, el dulce de tejocote, las gorditas de alverjón y muchas otras delicias, confituras y alimentos, acompañados de mitos, leyendas y supersticiones que les dan un regusto especial. En fin, todo un paraíso de aromas, sabores, texturas, música y escenografías, que son simultáneamente un tributo verdadero a la muerte.

Todos estos factores nos han permitido forjar un patrimonio y un legado formidable para la humanidad, desde la noche de los tiempos hasta la actualidad, a partir de nuestros pueblos indios, con su esplendor extraordinario, hasta el surgimiento del mestizaje que permitió, permite y permitirá una rica producción cultural, ya que nuestro potencial creativo está a la altura de la de cualquier otra nación en el mundo.

Uno de los propósitos de estas páginas es transmitir la vastedad de la comida mexicana que en gran parte es indígena, pero en mucho también es criolla, lo cual resulta en una mezcla tal vez impuesta, pero exquisita, que da lugar a un género culinario único, enmarcado entre obras de consistencia trascendental, como son la literatura de José Vasconcelos, Ramón López Velarde, Martín Luis Guzmán y Alfonso Reyes, o como la pintura muralista de los grandes maestros del siglo xx.

Por todo lo anterior, la cultura mexicana, hoy más que nunca, se ha convertido en la expresión de nuestros valores estéticos, ya que constituye uno de los soportes más consistentes de la nacionalidad; es decir, de la identidad de los mexicanos. Sin duda, vivimos tiempos en los que prevalecen la confusión y la globalización tanto en los terrenos económico y político como en la hegemonía bélica. Estos factores, que parecen ser designios del nuevo milenio, ponen en entredicho el concepto de las soberanías nacionales.

Dadas las circunstancias, es muy importante persistir en la creación, difusión y defensa de lo que entendemos por cultura nacional: donde se funden pensamientos y manifestaciones de un grupo de artistas en distintos rubros y disciplinas, como las literarias, plásticas y gastronómicas. Recalquemos la gastronomía y situémosla en el mismo nivel de importancia que las otras, ya que juntas forman el círculo cultural de la idiosincrasia mexicana.

Pues bien, los convoco desde estas líneas a homenajear a nuestros tacos. A todos, sin excepción.

* * *

La vastedad de la comida mexicana se debe en gran parte a las culturas indígenas, pero en mucho también es criolla, produciéndose así una mixtura necesaria, exquisita, y creando un género culinario único en el mundo.

Si tuviéramos que remitirnos al origen de los tacos, indudablemente necesitaríamos evocar su procedencia prehispánica. Las aportaciones de las culturas indígenas mexicanas al mundo son inapreciables; por ejemplo, además de la existencia del cero, el maravilloso Calendario azteca o Piedra del sol, los conocimientos astronómicos y de medicina, hemos legado al mundo un sinfín de recetas culinarias, además de alimentos como el chocolate, el jitomate, la vainilla y el guajolote (pavo), amén de una gran cantidad de hierbas y especias.

A su llegada, los conquistadores pudieron admirarse con los hábitos alimenticios de los diversos pueblos indígenas. A medida que caminaron por esta nación y establecieron contacto con las diferentes culturas, constataron no sólo la gran cantidad de dialectos e idiomas que aquí se hablaban, sino también la enorme variedad de su cocina. Bernal Díaz del Castillo, convertido en cronista de los conquistadores, registró sus observaciones, que hoy deberían ser lectura obligada, pues *La verdadera historia de la conquista de la Nueva España* es un texto indispensable. Ese histórico personaje reseñó el maravilloso mundo que encontró después de cruzar el océano y refirió con asombro diversos pasajes; por ejemplo, aquél que describe cómo al emperador Moctezuma II le eran presentados más de 300 platillos al día para que él, según el antojo del momento, seleccionara sus alimentos. Estos platillos eran traídos de todas las regiones dominadas por el Imperio azteca, y eran tan variados y vastos que su rememoración aún causa admiración.

Los recién llegados al continente tuvieron otro motivo de sorpresa: en ese universo de sabores había pescado fresco que era transportado durante toda la noche por una serie de corredores que hacían la ruta desde Veracruz hasta la gran Tenochtitlan, andando sin descanso, como una muestra de veneración a la figura deificada de su emperador.

Pero de toda la comida deliciosa y fascinante que degustaron, lo que llamó más la atención de los españoles fue la cultura del maíz, especialmente el monocultivo de este cereal en todas las zonas, y sus innumerables productos, con variantes tan delicadas como el huitlacoche, que ahora está de moda en casi todo el mundo. Símbolo supremo de esta gramínea era la tortilla, sin la cual no hubiera existido el taco, base, sin duda, de la alimentación prehispánica, de la colonial y hasta de la actual. Este alimento, novedosísimo para los recién llegados al continente, era en realidad un cereal ancestral y básico, nutritivo, riquísimo y variado para los originarios del nuevo mundo. Incluso en nuestros días, se hacen tantos tipos de tortillas como regiones existen en México y, por lo mismo, todo tipo de tacos.

Con las insustituibles tortillas igual se preparan tacos de mariscos que se elaboran guisos con hierbas y, por supuesto, unos y otros se rocían con las salsas más increíbles, a las que se les añaden las más disímbolas especias. En fin, son tan variados sus ingredientes que vale la pena hacer una ardua investigación en este universo interminable, ya que se multiplica con la imaginación de tantos y tantos mexicanos que degustan un buen taco.

Los cronistas españoles refirieron que el señor Moctezuma tomaba un pedazo de tortilla y lo embadurnaba de *molli*, hábito que con el tiempo se extendió a diferentes regiones como los alrededores del propio centro del poder azteca: lo que hoy es Puebla, Tlaxcala e Hidalgo. Así como al Bajío y el sur del país, aunque propiamente ninguna región se ha perdido de saborearlos y en una u otra medida han hecho sus aportaciones culinarias.

Como sabemos y nos lo ratifica el maestro Iturriaga, el origen de los tacos de carnitas y de chicharrón de puerco se ubica en Michoacán y Jalisco. También contamos los tacos de cabeza de res, misma que se come completa (desde los sesos hasta el ojo, incluyendo trompa, cachete, oreja y lengua), y los de cuajar, ubre, tripa, machitos y otras vísceras al vapor; sin olvidar los de barbacoa, tanto de "tierra" como de horno, procedentes de la región central de México; o las flautas, bien de pollo o barbacoa deshebrada, provenientes de Veracruz, Guerrero y Morelos.

La variedad de los tacos mexicanos es enorme: desde los antiquísimos y tradicionales, hasta los de épocas más recientes, como son los tacos al vapor o al carbón con base en filete, bistec, costilla y chuleta de cerdo, acompañados de sus indispensables cebollitas asadas y frijoles charros. Y los tacos al pastor, también nacidos en fechas más cercanas, con un influjo oriental o griego, predominantemente de carne de puerco adobada; y los tacos sudados, con la tortilla doblada —no enrollada— rellenos con algún guisado, que se conservan calientes al estar envueltos en un pedazo de tela que los hace sudar. En tan larga lista no podemos dejar de incluir las burritas, elaboradas con tortilla de trigo y rellenas de guisados de las regiones norteñas, de donde son oriundas. Y qué decir de los tacos yucatecos, especialmente los de cochinita *pibil*, mezclados con achiote, cebolla morada y salsa de chile habanero; pero también de otras delicias, como los de salpicón (a veces de venado), los *papatzules* con salsa verde de calabaza, huevo cocido y otros ingredientes.

Hay quien elabora los tacos con doble tortilla, seguramente para dar la sensación de que es más completo y hasta por convenir al negocio, cuando se trata de taqueros, que dan más maíz y menos carne sin que la clientela proteste.

Otro argumento a favor de la tortilla doble es que así se envuelve mejor el taco, porque muchas veces debido a la salsa la tortilla se humedece, se rompe y su contenido llega a desparramarse.

Con especial énfasis, quiero referirme a los tacos de reminiscencia indígena, como son los de gusanos de maguey, escamoles, acociles, charales, chapulines, jumiles y una gran lista de insectos, según la región de que se trate.

Y así otros tacos que, en todo caso, en este libro quedan registrados con todo y su receta, hasta sumar casi cien. Aunque podría decirse que en cada cocina y en cada mesa mexicana a diario se crean tacos, por lo que viene bien parafrasear la letra del Himno Nacional al decir que "un taco en cada fogón te dio".

En fin que en estas páginas intentaré compartir con ustedes las recetas tanto como lo que he logrado averiguar al recorrer los muy variados comederos que dan sustento a los habitantes de la Ciudad de México y de otras ciudades y pueblos del país. Se trata de recoger no sólo sus variedades y las regiones en que nacen, sino también su símbolo sagrado y misterioso, ya que los mexicanos comulgamos todos los días cuando ofrendamos diariamente millones de tortillas en nombre de nuestros dioses prehispánicos. Nuestros antepasados pensaban que las tortillas eran hostias, además de un alimento insustituible, y lo sigue siendo pues nuestra gente siente que si no las ingiere, no ha comido.

Capítulo II

PRODUCTO DEL INGENIO POPULAR

La comida callejera —los tacos con sus puestos y las fonditas ambulantes— es producto de la pobreza y del ingenio. Además, obedece a una vieja tradición indígena: comer caminando. Durante mucho tiempo, el hombre comió de pie. La cultura comienza cuando el hombre se sienta, se vuelve sedentario. La mujer ve crecer la planta, para asegurar el alimento.

El que se trate de una comida callejera, se coma de pie o sentado, no obsta para que deje de ser una gran cocina, la cual posee muchos y muy ricos condimentos y una gran sazón. En otros tiempos el mexicano comía en la calle para que vieran que comía, sin faltar quien lo hiciera para hacer público que tenía dinero para comer. En cuanto a la contaminación de la comida callejera al aire libre, seguramente los mexicanos hemos creado los anticuerpos y el antídoto para resistir las toxinas y bacterias.

Los tacos son manjar de pobres y ricos, los que todo tienen y los que casi nada poseen, igual los consumen los más cultos y quienes menos saben; los viejos y los jóvenes, las mujeres y los hombres, sin distinción de credos. Las tortillas pueden ser chicas, grandes, medianas y grandototas, de aromas distintos y colores diversos. Tienen una calidad poco reconocida y es que coinciden con la geografía nacional, como lo hacen los símbolos nacionales o la virgen de Guadalupe; son parte de nuestra identidad cultural y lo mismo se consume en las pujantes y modernas economías norteñas, que en las regiones maravillosas del sur o en el centro del país. En Baja California y Yucatán, pescado y cochinita; en Nuevo León, arrachera; en Oaxaca, Hidalgo y Tlaxcala, tacos de escamoles y gusanos. Policromos, multifacéticos, eternos vigilantes de nuestra alimentación. Fuente de salud, pero, sobre todo, una *delicatessen*, una delicia mexicana.

Existe tanta variedad de tacos como la imaginación del taquero alcanza a concebir; él mismo es todo un personaje del paisaje citadino: platica con la gente, la regaña y la aconseja. A casi nadie le importa la limpieza (incluso de uñas y manos), sólo importa el sabor placentero de sus tacos. La taquería es lugar de reunión y de convite, lo mismo ofrece los tacos de sesos y machitos o, como palacios que son, permiten degustar las flautas y los agridulces placeres del tepache. Los taqueros son reflejo de nuestra forma de ser y de nuestra sociedad, cosa que ejemplifica a la perfección el que en las viejas taquerías de prosapia solían reunirse en las madrugadas el bebedor de pulque y el rico que se embriagaba con champaña. Hermanados a través del sabor del taco, los mexicanos olvidan sus angustias. A veces, en esos espacios transitan tríos de música vernácula, pero en todas reina una especie de camaradería universal: "Pásame la sal, el cilantro, la cebolla, la salsa, cuál es la que pica más."

Tantas y tantas cosas que significan los de maciza, de nana o buche, los de tortilla grande, de tortilla chica, los picantes; todos hacen un universo donde se refleja el mapa gastronómico de nuestra cultura.

Igual aparecen las herramientas de las ya famosas cocinas móviles que estratégicamente establecen su lugar de venta en calles o esquinas transitadas. En ese pequeño espacio se guardan todos y cada uno de los ingredientes imprescindibles: tortillas, carnes, salsas y guarniciones, y los utensilios necesarios para elaborar estas delicias, tales como pinzas, cuchillos, tabla de madera para cortar la carne, los platos, servilletas y vasos para los refrescos y las aguas frescas. Con todo esto, producto del ingenio, organizan su cocina ambulante y hacen arder su comal de lámina para preparar los alimentos al calor del fuego que produce un pequeño tanque de gas. Generalmente revisten su apariencia con un buen número de focos con el fin de llamar la atención.

La mayoría de los taqueros y taqueras preparan la carne *in situ*, ante los ojos de los clientes, como una manera de brindar más confianza. Las salsas, en cambio casi siempre son previamente elaboradas y por lo general las presentan en recipientes de plástico.

Tan adictos somos a estos manjares, que en ocasiones corremos riegos sólo justificados porque "nos saben a gloria". En los establecimientos con acceso al agua, la limpieza no es un problema. En los que no la tienen, ésta puede complicarse y los taqueros se dan su maña para superar los inconvenientes: utilizan papel de estraza sobre los platos o, en ocasiones, hasta emplean un plástico transparente para envolverlos y no tener que lavarlos. Aunque nos parezca raro, este maridaje da buenos dividendos.

Los hay que no llegan a platos y sirven los tacos simple y directamente en papel de estraza, ya que éste es desechable y quizá ofrezca menos problemas de higiene. El gran inconveniente de este método es que, generalmente, acostumbran tirar el papel en plena calle, porque los botes de basura brillan por su ausencia, si bien la presión de las autoridades o los vecinos les exigen dejar limpio el lugar.

Capítulo III

LAS VARIEDADES DE TACOS

Las liturgias misteriosas que tienen lugar en nuestros excelsos fogones mexicanos se deben a la expresión de diversas influencias culturales que conforman nuestro mestizaje. Destacan tres ingredientes básicos: maíz, frijol y chile que, juntos y por separado, han trascendido las diferentes etapas de la historia de nuestra cultura. Estos elementos unidos han dado lugar al taco. Ingredientes que, para la idiosincrasia nacional, no sólo son esencia, sino representación de nuestra forma de ser.

No podemos negar que los tacos tienen una elaboración sencilla; sin embargo, su contenido los convierte en un antojo barroco. Existe un sinfín de ejemplos, pero basta con pensar en los tacos placeros que con los más exuberantes condimentos y salsas resultan una obra digna del mejor pintor surrealista. Imagínense el arte empleado para elaborar una tortilla, ya sea delgada o gruesa, y elegir hasta el color, untarla con una delgada capa de frijoles, agregarle un chicharrón y encima la infaltable salsita, rajitas de aguacate, luego doblarla y, bueno, pues "agarrar el taco por los cuernos"; recordemos que se dice que en la forma de agarrar el taco se conoce al que es tragón, y yo diría que goloso, pero también amante de lo nuestro.

Por supuesto, hay una gran variedad de formas de prepararlos, ya sean sudados, arrieros, placeros, fritos, de carnitas, de sesos, de barbacoa, de cecina, de carne asada, de chito, de cabeza de chivo, cerdo y res, de vísceras, de lengua, de nana, buche, tripa delgada y gruesa, machitos, hígado, riñón, corazón, cochinita pibil, pancita, sancocho, bistec, chicharrón, suadero, longaniza, al pastor, al carbón, a la plancha, tipo árabe, flautas, etcétera. Con decirles que hay hasta de tripas de pato. También tenemos presentes los de pescados en todas sus variedades: asados, horneados, tatemados; jumiles, acociles, escamoles. Y nuestra gente de pueblo, por supuesto, solamente los bendice rociándoles un poquito de sal y, si hay un poco más de dinerito, con frijoles. Es imposible que no exista el taco de chile; aunque no lo crean, éste es el único alimento en algunos lugares del país.

Existen, como lo hemos visto, muchas maneras de clasificar los tacos. Según la forma de hacerlos, por el contenido o relleno, y el estilo para prepararlos: fritos o al vapor, con tortilla de maíz o de harina, con tortilla diminuta o tan extendida y estirada como una flauta. Y hasta cuentan el tipo de guarnición que los hermosea y que, al mismo tiempo, completa el matiz de las sensaciones. Así también, otra posible clasificación podría ser el lugar donde se originan históricamente, o bien de acuerdo con la cronología; es decir, desde los primeros tacos de la época prehispánica, hasta los más actuales que se conservan en el congelador de un refrigerador, ya sea para freír o prefabricados para el horno de microondas. Hasta se dice que los tacos pueden agruparse según la clase social que los consuma, afirmación que yo no suscribo del todo, pero a lo mejor tiene algo de cierto. Por ejemplo, se dice que las personas más pudientes prefieren un filete sobre el taco al estilo de corte tampiqueño (más aún si trae un buen queso chihuahua o manchego gratinado), a aquellos que son más baratos y populares, como los de carnitas o los de la fritanga del perol.

A pesar de todos estos variados detalles para catalogarlos, es importante ratificar que el origen de los tacos es precolombino y muy probablemente de la mesa central, forma parte fundamental de la singular cultura que se desarrolló en el altiplano. Pero, de igual manera, es necesario reconocer que cada estado de la república posee tacos con sus muy singulares características. Por razones sentimentales, iniciaré con mi tierra, Nuevo León, donde encontramos majestuosos tacos de esa suculenta carne de res en machaca o en barbacoa que son posibles por la extraordinaria actividad ganadera que se desarrolla en esas tierras. Asimismo, con este estilo de tacos tenemos a Chihuahua, Sonora y Tamaulipas. Del Bajío, por citar otro caso, nos llegaron los exquisitos tacos de cabeza de res; de esa misma región son otros tacos que gozan de amplia fama y que ya se han convertido en toda una tradición: barbacoa delicadamente desmenuzada y que hace un montón de años llamaban comúnmente "tacos de hebra". Seguramente fueron los detonadores para que surgieran las flautas que también se reconocen de paternidad norteña.

Otro punto para clasificar los tacos es que pueden ser doblados o enrollados, aunque los más comunes sean estos últimos.

La tortilla suele usarse a modo de cuchara, pero de igual manera como envoltorio de los guisos; pues, como he mencionado, se afirma que es así que surgen el taco, las enchiladas, las flautas y todas las infinitas variantes que se desprenden de este producto mexicano. Actualmente, la tortilla se ha popularizado a nivel mundial, pues ya existen tortillerías en Europa y Estados Unidos. De acuerdo con la Cámara Nacional de Maíz Industrializado, en México existen más de 45 mil tortillerías; tan sólo en la Ciudad de México y la zona conurbada hay cerca de 14 mil expendios de tortillas y molinos de maíz.

Volviendo a los tacos, debemos reconocer que hay tantos tipos como alimentos susceptibles de enrollarse en una tortilla, desde el chilorio sinaloense hasta un chile relleno al estilo poblano. Toda una gama que cruza las latitudes y coordenadas de la geografía nacional.

Capítulo IV

EL MAÍZ

El maíz se encuentra en las más hondas raíces de nuestra cultura. Los mayas y los nahuas se refieren a él como los granos que conforman nuestra carne, nuestra sustancia y los que componen el corazón del hombre, que por ello es sensible, tierno y agradecido con los dioses y sus semejantes.

Grano de los dioses o *teocentli*, se le llama en el dulce idioma náhuatl. "Maíz" es un vocablo que proviene de la lengua tamia de las Antillas, pues fueron indios del Caribe quienes llamaron a esta planta "mahis". De cualquier manera, es el grano que fue robado del cerro divino de los mantenimientos, cuando las hormigas informaron al dios Quetzalcóatl que las demás divinidades lo tenían escondido y se lo negaban a los hombres. Quetzalcóatl, disfrazado de hormiga roja, sustrajo los granos, los llevó a la Tierra y los entregó a los hombres, que lograron con él sustento y vida. Por esta acción, que lo convierte en una deidad civilizadora, Quetzalcóatl es tan importante entre los dioses del mundo pre-hispánico.

Para los huastecos y totonacas, el origen del maíz se sitúa en Tamoanchan y se le tiene por hijo de la Tierra y el Sol.

El maíz es en sí un universo, con todos sus colores y simbolismos: rojo, negro, azul o morado, amarillo y blanco. Sea del sur, el norte, el poniente, el oriente y el centro, es alimento que es fiesta para los sentidos, hartazgo de delicias, canto de la tierra.

Existen múltiples razones para afirmar que somos un pueblo de maíz, ese maravilloso vegetal dentado que crece junto a nosotros y a la vez nos hace crecer. Puede decirse que México sabe a maíz, y no sólo en relación con el rico y ancestral acervo culinario que se ha conformado a través de nuestra historia, sino por lo que representa en toda nuestra cultura.

Subsiste, en todo caso, una cultura del maíz en la dieta del mexicano. Según el *Popol Vuh*, el hombre fue hecho de esa gramínea; sólo entonces reconoció a sus creadores y a sus padres. El maíz fue primero una planta pequeña, tabaquera, selvática. El hombre lo llevó a su casa y lo cuidó durante miles de años hasta que se convirtió en el vegetal que ahora conocemos. Puede decirse, sin extremar las cosas, que el maíz es una criatura del hombre, del hombre americano; en este caso del mexicano. De él se alimentaban los constructores de pirámides, los grandes escultores y arquitectos. En torno a este grano, el rey y poeta Nezahualcóyotl escribió bellos textos. Con él pueden hacerse cientos de variedades de tortillas, así como muchas clases de atole, pozole, pinole, chileatole, champurrado. Para todo da el maíz. Es un producto maravilloso.

Este grano fue deificado por los antiguos. Entre los zapotecos, el único tótem vegetal es el maíz; el único *guenda*, el doble por antonomasia, es el maíz. En lengua zapoteca, muchos vocablos, sobre todo los que se refieren al trabajo, se relacionan con él; por ejemplo, la palabra que designa al hijo mayor significa: "El que siembra maíz."

El pueblo mexicano no ha dejado de comer maíz. Pueblo que come trigo, produce a Homero; pueblo que come arroz, ve crecer a Confucio; pueblo que come maíz, crea a Nezahualcóyotl.

Ese maíz, que está en la mesa de todos los mexicanos convertido en tortilla (un círculo mágico y maravilloso) bajo múltiples formas y texturas, o como su majestad el taco, también está presente en nuestra literatura, nuestro cine, nuestra pintura, nuestra música; es decir, en la vida social, cultural, política y económica. ¿Quién no recuerda al maíz en los bellos paisajes del cine mexicano, especialmente aquellos que fotografió Gabriel Figueroa, donde aparecen majestuosos maizales entre nubes y cielos, o plasmado regiamente por el genio narrativo de Juan Rulfo? De igual modo, y con la misma importancia que en canciones y poemas inolvidables como los de Ramón López Velarde. El maíz también aparece en los albures con la misma intensidad que en los murales de Rivera, esenciales en la cultura mexicana. En general, el maíz está presente en todas las manifestaciones artísticas, al grado que podríamos afirmar que forma parte de nuestro corazón y es por ello ingrediente indispensable de la mexicanidad.

LAS TORTILLAS

Las mujeres preparaban las tortillas sobre piedras calientes y para colorearlas solían añadirles chile rojo, ya que la ornamentación era muy importante para los habitantes del México prehispánico. Las decoraban mediante representaciones de su concepción del mundo habitado y aún en parte desconocido.
La tortilla era redonda como el sol y se servía decorada con estrellas, grecas o flores de colores diversos. Comer tortilla era comulgar con la divinidad. Con las tortillas y el plato principal se daban huauzontles, quelites, quintoniles, jitomates, papitas y, desde luego, los imprescindibles frijoles y nopales, ingredientes con los que hasta el día de hoy se preparan tacos y un sinfín de guisados.
Sorprende la gran variedad y calidad de los alimentos que existían en el México prehispánico: aguacates, guajes, camotes, cocoa. Los indígenas, además, sazonaban sus alimentos con sal, tequesquite, chiles, flores y miel. La comida debía agradar al olfato y para ello agregaban hierbas olorosas como la vainilla, la orejuela, el epazote y el pápalo quelite. Para presentar los platillos con belleza

y majestuosidad, usaban colorantes naturales como el chile, que ya mencionamos, la cochinilla, el añil, el achiote y el azafrancillo. Color, olor y sabor se unificaban con sabiduría y elegancia en la cocina prehispánica, y evidenciaban un vínculo cósmico, pues la comida, si bien era alimento, simultáneamente fundamentaba la relación entre los dioses y los hombres.

Como ya se conocía el fuego y su poder para transformar los alimentos, nuestros antepasados asaban sobre las brasas la carne de los animales que cazaban o llegaban a domesticar. La transformación de lo crudo a lo cocido significó una evolución prodigiosa para la cultura y ahora esa práctica está presente en la costumbre de ingerir deliciosos cortes de carne: agujas, lomo, costilla, solomillo cocinados al carbón.

El hombre se dirigía al campo para cultivar la tierra, en una cesta llevaba granos de maíz. Ayudado de una cobra penetraba la tierra y depositaba, en acto amoroso, la semilla. Amaba la naturaleza como amaba a su mujer, él intuía que ella, madre generosa al fin, le devolvería con creces lo que plantaba en su seno. Aprendió que la práctica agrícola era maravillosa y, a la vez, que le proporcionaba grandes satisfacciones. Con el paso del tiempo, supo nuevas cosas que le provocaron asombro y admiración.

Así aconteció con la cerámica, encuentro de la tierra y el agua, elementos que al cocerse adquieren dureza y por lo tanto sostienen y retienen alimentos. Los señores aztecas eran maestros en el arte de manejar la arcilla, con ese noble material elaboraron ollas, jarros y platos. Su dieta, ampliada de lo crudo a lo cocido y conservada en estos recipientes, ya no se limitó a los vegetales, insectos o carne asada. En vasijas de todos tamaños, combinaron alimentos afines y antípodas y los cocieron en el fogón o *tenamaste*: así descubrieron nuevos sabores, olores y colores.

En el *tenamaste* solían colocar el comal para cocer las tortillas de maíz adornadas en honor de las divinidades. También pusieron en las ollas algunos animales antes desconocidos. Gracias a este primer sincretismo cultural pudieron probar, en el maridaje de un mismo guiso, el guajolote, el *xoloizcuintli* o perro pelón y el *tepeitzcuintli*. Sabemos por medio de los relatos que los aztecas comían monos arañas y tlacuaches, jabalíes y armadillos, lo cual a mí siempre me sorprende. Lo mismo me ocurre al saber que desde entonces tomaban atole, costumbre basada en la caza de ajolotes, a los que primero cortaban las quedejas y luego secaban al sol aderezados con sal y venas de chile; los servían cocidos al vapor, en hojas de maíz. Estos grandes señores tenían la costumbre de transmitir de forma oral a sus hijos las numerosas maneras de hacer los guisos.

NIXTAMAL

Según las estadísticas recientes, el consumo diario de tortillas en México es de aproximadamente 300 millones de unidades. Desde luego, para satisfacer una demanda de esta magnitud se inventaron máquinas que las elaboran en grandes cantidades. Sin embargo, en muchos rincones del país, especialmente en zonas rurales, las tortillas siguen elaborándose de la manera más tradicional, ya que todavía se le considera una labor cotidiana obligatoria y casi sagrada de las mujeres.

La receta que damos a continuación es de verdad milenaria, emula un rito cotidiano y necesario, ejecutado con devoción vital. La única concesión a los tiempos modernos es el empleo de la pequeña prensa metálica para extender la masa, instrumento elemental que se vende en todos los mercados de México y que ha ahorrado incalculables horas de trabajo a millones de manos femeninas.

RECETAS PARA EL NIXTAMAL Y LA TORTILLA

Para preparar el nixtamal debe enjuagarse el maíz, con el fin de separar pelusas y granos dañados. Enseguida se procede a escurrirlo y se pone al fuego en una olla de barro con dos litros de agua y dos cucharadas de cal disuelta en agua, por cada kilo de maíz. Se calienta a fuego lento hasta que hierva, revolviendo con un cucharón de madera; el hervor debe ser moderado. Es recomendable dejarlo en ebullición por lo menos cinco minutos. En ese momento se retira la olla del fuego, se tapa y se deja así para que repose de un día para otro. Una fórmula infalible para saber si el maíz está a punto es tomar un grano y frotarlo con los dedos; si puede pelarse con gran facilidad, el nixtamal ya está listo. Cuando eso ha ocurrido, se procede a hacer la masa de la siguiente manera: se retira el líquido de cocimiento (llamado comúnmente "nejayote") y se enjuaga muy bien, procurando no frotarlo, sino casi acariciarlo; es preferible hacerlo dos veces o las que sean necesarias hasta lograr que el agua salga limpia. Luego se escurre y en este momento el maíz está listo para ser molido en el metate de piedra o en el molino de mano casero, o bien para ser transportado al molino público, donde se muele con el agregado de un poco de agua para dar lugar a la masa. Ésta debe conservarse en lugar húmedo, de donde se toman las cantidades necesarias para elaborar las tortillas. Una tortilla común, de aproximadamente 14 centímetros de diámetro, requiere 30 gramos de masa.

Sabemos que la manera tradicional para elaborar una tortilla cuando no se hace a mano, es tomar la masa necesaria, formar una bolita y colocarla en el centro de la prensa manual, encima de un cuadrado de plástico transparente de 20 centímetros de lado a lado (la bolita de masa se cubre con otro trozo de plástico del mismo tamaño). Se cierra la tapa de la prensa y se presiona un poco, pero no con brusquedad, pues resulta importante recordar que cuanto mayor sea la presión ejercida, más delgada quedará la tortilla. Se abre la prensa y se quita el plástico superior, empezando por una esquina correspondiente al mango. Se desprende el otro fragmento de plástico con la tortilla y con cuidado se voltea sobre los dedos de la mano abierta, desprendiendo el plástico. La tortilla se extiende sobre el comal caliente y cuando empieza a inflarse se aplana un poco con la mano, luego se voltea y se deja cocer de modo similar. Este procedimiento se repite tres veces hasta que la tortilla se dore en algunos puntos de ambos lados. Enseguida se coloca en una canasta especial (*chiquihuite* o *tlaxcal*), en la cual las tortillas apiladas se envuelven en una servilleta gruesa.

Es importante tener presente que puede sustituirse la masa elaborada con base en el maíz, por masa de harina de maíz nixtamalizado, la cual se vende por paquetes en todos los supermercados y tiendas de abarrotes. En este caso, ésta se amasa con un litro y cuarto de agua tibia por cada kilo de harina y se deja reposar.

Respecto al volumen que se obtiene a partir de cada insumo, conviene señalar que de un kilogramo de maíz se obtiene un kilogramo y medio de nixtamal y 1.6 kilogramos de masa, que dan aproximadamente 50 tortillas de unos 14 centímetros de diámetro cada una. De un kilogramo de harina de maíz nixtamalizado se obtienen 2.25 kilogramos de masa, lo que sirve para preparar aproximadamente 75 tortillas.

Por supuesto, las tortillas recién hechas son las más sabrosas. Sin embargo, las tortillas recalentadas también tienen lo suyo; en este caso, es conveniente pasarles por encima la mano húmeda una vez que estén en el comal, con el fin de hidratarlas.

Recién hecha, la tortilla presenta una capa más fina en una de sus caras; o sea, una piel delgada que, para la elaboración de algunos platillos, se desprende en el momento de sacarla del comal.

Las tortillerías han evolucionado a pasos agigantados y, aun cuando en las zonas rurales se conservan estas tradiciones, en las ciudades ya pueden conseguirse tortillas empacadas en los supermercados. Por supuesto, en los mercados es posible encontrar a las clásicas marchantas con sus grandes canastas repletas de una gran variedad de tortillas para escoger a nuestro antojo.

Un punto importante para que las tortillas queden muy sabrosas es tener un buen comal; de igual manera, es esencial el tiempo de reposo de la masa, la forma de dejar caer la tortilla y el momento exacto de voltearla. Debo aclarar que existen muchos tipos de tortillas: grandes, chicas y pequeñas, incluso se les puede agregar alguna especia, como nuestros antepasados lo hacían con el achiote.

A propósito, un hecho digno de relatarse es el de una valerosa mujer nacida en mi tierra, cuya más grande ilusión era educar a sus hijos, y que se enfrentó a la cruda realidad de su poca instrucción para salir adelante. Al buscar una actividad que le sirviera para obtener ingresos que le permitieran mantener y dar educación a sus críos, se le ocurrió que podía hacer tortillas de harina, que era uno de sus escasos pero importantísimos conocimientos. Tiempo más tarde, con gran tesón y, por supuesto, toda su imaginación, se convirtió en toda una empresaria de este alimento tan importante, que ahora exporta a todo el mundo y, ya que era una típica norteña, tiene un lema que reza así: "Hago tortillas chicas, pero no mucho; medianas, grandes, pero no muy grandes, y no podían faltar las inmensas."

Déjenme decirles que en el norte del país estos discos llegan a alcanzar hasta 20 centímetros de diámetro. Otro ejemplo son las tortillas tehuacaneras, que son muy pequeñas, al grado que suelen caber en la palma de la mano; estas delicias se comen en dos, máximo tres mordidas. Por lo mismo, muy pocos taqueros en Tehuacán usan tortillas locales, ya que prefieren el tamaño, el grosor y el precio que dan las máquinas tortilladoras.

Por supuesto, como regia declaro que mis consentidas son las tortillas de harina de trigo —conocidas simplemente como "tortillas de harina"—, menos usuales ya que existe una demanda mucho mayor de las de maíz, tanto en la capital como en el centro y el sur de la República. No obstante se consumen mucho las de harina cuando hay quesillo de por medio, para el sabroso y cada vez más solicitado queso fundido. Similar, pero no igual a las tortillas de harina, es el pan árabe (una especie de tortilla de harina de trigo, parecida a la pita usada en la comida griega), que en los últimos 15 años se ha puesto de moda en México como materia prima de los "tacos árabes", hechos con carne de puerco al pastor (por lo que, al final, no son tan árabes). Y las gigantescas tlayudas de Oaxaca o las macro tortillas de harina en el norte, que se doblan en cuatro partes de tan grandes.

Capítulo V

LAS SALSAS

Coincidirán conmigo en que un libro sobre tacos no quedaría completo si no se menciona su complemento imprescindible: las salsas elaboradas con base en el chile, mismas que son un producto absolutamente mexicano. El chile o picante completa la vianda, el placer, la dicha. ¿Acaso no se dice "a medios chiles" cuando algo no se completa? Sin el chile, la jornada del sabor queda inconclusa. En su libro *Cien salsas*, mi hermano Gerardo, apasionado como yo del arte culinario, se ha inclinado hacia esa rama de la cocina que tiene mil usos y está llena de exquisiteces, finuras y sorpresas. Las hay en abundancia de consistencia, textura, colores, pero todas igualmente sabrosas.

No es de extrañar que, en la cultura popular, el chile represente uno de los regalos de Dios a sus hijos. Sin embargo, en materia de chile siempre somos aprendices; este ingrediente permite y exige improvisar mil y una ocurrencias. Las mujeres tenemos la costumbre de preguntarnos, mientras preparamos un guiso o al probarlo, cuál es el que más alimenta y deleita.

Pienso que todos los tipos de chile son por igual importantes, porque en el mundo vegetal nada es verdad y nada es mentira, todo es según el color del cristal con que se mira. Por ejemplo, no deja de ser paradójico que por su naturaleza inversa, un chile sea más picoso entre más pequeño y verde.

Afirmo por tanto que sin salsas no existen los tacos, incluso en otros casos: ¿Qué sería de la cocina francesa sin su delicado salseo?, ¿de la china o de la latinoamericana? Para los gustos y los paladares refinados del mundo, la comida sajona y del este europeo, carente de salsas en lo general, no entra en la consideración de los grandes diletantes de la gastronomía internacional.

El salseo mexicano es tan especial, tan picosamente refinado, que se distingue de aquel también picante salseo hindú, tailandés o vietnamita, logrado con esencia, y que resulta a veces tan agresivo para la digestión y la salud estomacal.

Las singulares salsas mexicanas tienen origen indígena. Nuestros ancestros mezclaban los chiles con hierbas de nuestro campo, ya que eran un pueblo experto en herbolaria y con una sensibilidad especial para la alquimia maravillosa de las salsas. La variedad de chiles es enorme, los más comunes son el serrano y después el chipotle. También encontramos el morita, cascabel, manzano, de árbol, cuaresmeño, ancho, loco, largo, chilaca, piquín, habanero, machito, poblano y muchos, muchos, muchísimos más; tantos, que nos sobran chiles para cada día del año.

Durante siglos, en México se conservó la tradición de las recetas de las abuelas, el fogón de las enormes cocinas y las grandes cazuelas. Vimos a la imprescindible nana Juanita usando el molcajete para moler cilantro, perejil, ajos, hierbabuena, epazote, cebolla, cebollinos, tomate verde, jitomates; o a la misma Chabela, hincada sobre su rebozo, preparando la molienda en el metate para hacer todos los moles.

La creación de la nueva cocina mexicana, misma a la que los sofisticados llaman afrancesadamente *nouvelle cuisine*, es reciente. En ella ha ido dándose un nuevo matiz a los ingredientes y una suavidad muy especial al salseo, moderando el picante. Han ido incorporándose otros elementos que aportan diferentes gustos, estrenando sensaciones en el paladar. Es la misma cocina de los orígenes prehispánicos con la mixtura española, pero con una nueva filosofía de los sabores que la hace incrustarse en otra dimensión, entre las mejores, más amplias y variadas del mundo.

Por ello, es gratificante para mí, que mi hermano Gerardo haya trabajado acuciosamente para crear un libro de salsas, en el que combinó con alma de alquimista, otros elementos que nos convocan a nuevas aventuras en el mundo de los sabores.

Las salsas son a veces una base, pero también son complemento, cuya incorporación a un platillo transforma, enriquece, aromatiza, antoja, colorea y sugiere diferentes regustos y sabores. Sin duda, la comida puede y debe convertirse en todo un placer; la llegada de las salsas lo aumenta, lo afirma.

Incorporar las salsas a nuestra alimentación es una fiesta para los sentidos, de ahí que la sensibilidad despierte el gusto por escoger alguna de entre las muchas que existen. El gusto representa el arte de la selección, es una aventura gastronómica, un inquietante águila o sol. De igual manera, adornar la mesa con salsas es un gesto plástico y estético; comerlas es la culminación de un proceso.

Las salsas toman un lugar privilegiado en la gastronomía mexicana, pues no sólo tienen misión de añadir picante; son un elemento primordial y un complemento indispensable para los alimentos.

No es posible hablar de salsas en nuestro país sin introducirnos al sortilegio de los moles, los cuales son una especie de hechizo. Imposible descifrar la historia de un pueblo si no se tiene conocimiento de sus costumbres alimenticias. Ya lo dijo Balzac: "Dime qué comes y te diré quién eres." Pero una cosa es comer simplemente para saciar el hambre, y otra muy diferente es encontrar la plena satisfacción del paladar, el despertar total de los sentidos, el raro embrujo de llevar al estómago un placer absoluto.

Es en el pueblo y para él que las salsas se subliman. Nuestro salseo no sería lo mismo sin el taco, pues reclama, antes de enorgullecerse, ser bendecido por una suculenta salsa: si es barbacoa, debe ser borracha; si son carnitas, requieren la verde mexicana; para el bistec, roja; para el pastor, piquín; para los gusanos, de árbol; para el taco de camarón, chile cuaresmeño; para la pancita, entomatada. ¿No es esto todo un rito? ¿No es otra fiesta para los sentidos de la vista, el olfato, el tacto y el gusto? Exaltados todos por el taco y sus salsas.

Capítulo VI

LAS BEBIDAS: PULQUE, CURADOS, CHELAS Y AGUAS FRESCAS

En el México actual los demonios siguen sueltos. Espíritus chocarreros, así como cheneques maliciosos hacen de las suyas en una sociedad donde el alcohol sirve para casi todos los propósitos. En la que, desde un nacimiento hasta una muerte son ocasiones ideales para tomarse una copa o beber; donde una tarde puede ser calificada de tequilera; donde la penúltima copa siempre irá acompañada de un "nos echamos la última compadre"; donde un "¿qué les puedo ofrecer?" de bienvenida es siempre un "¿qué van a tomar?"; donde acontecimientos como cumpleaños, confirmación, abandono, embargo, boda, divorcio, peregrinación, despido, nuevo trabajo, día de la Santa Cruz, día de la virgencita, el 15 de septiembre, el 5 de mayo, triunfo de la selección, derrota de la selección, si te acabo de conocer, si te vas por unos meses, si está acabándose el año, si acaba de comenzar, si ya nació el Niño Dios. . . Todos son momentos propicios para la celebración y el duelo, para la lágrima y el canto.

Con afán de delimitar, y tomando en cuenta su origen y proceso histórico, podemos dividir a las bebidas alcohólicas de México en tres ramas: una indígena, una mestiza y una criolla.

Dentro de las bebidas indígenas tenemos al pulque como representante hegemónico de todos los fermentados que se bebían en esta parte del mundo antes de la colonización europea. Sin olvidar las bebidas fermentadas de otras culturas indígenas, como el *sotol* y el *tesgüino*, de las que en esta ocasión no hablaré: la costumbre obliga a acompañar los tacos con pulque. Aunque, por supuesto, también se han puesto de moda las bebidas mestizas, que se obtienen mediante procedimientos ajenos y plantas autóctonas, como todo tipo de mezcales y tequilas. En este mismo ramo se pueden incluir los aguardientes de caña, aun sabiendo que la caña fue traída de las Islas Canarias por los españoles.

Por último, debo mencionar las bebidas criollas. Su origen es tanto europeo como asiático, incluso africano. Básicamente, y de manera sucinta, me referiré a las cervezas, ya que tacos y cervezas constituyen un binomio perfecto tanto para curar la cruda como para los no crudos.

EL PULQUE

EL MODO DE PRODUCCIÓN

El pulque se obtiene de varias especies de maguey que crecen en el altiplano mexicano, especialmente en los estados de Hidalgo, Puebla, Tlaxcala y México. Cuando un maguey ha alcanzado la edad adecuada, entre los ocho y doce años, se quiebra o se capa a veces atendiendo a las fases de la luna y la posición de las pencas de la planta, cortando con un cuchillo las púas laterales hasta llegar al corazón o *mezontote*. Se raspa y después se succiona el aguamiel o *neutle* con el *acocote* (utensilio natural con forma de calabaza). Al hombre que realiza estas labores se le llama "tlachiquero".

El aguamiel se conduce entonces al tinacal, donde se deposita en ollas —de barro o de madera— o en *toros*, recipientes hechos con cuero de res. En estos depósitos se encuentra siempre un poco de asiento o madre de pulque, que ayudará a la fermentación. Este proceso ha permanecido casi intacto a lo largo de varios siglos.

LA HACIENDA

La brutal explotación de la mano de obra que se hizo en México a partir de la Colonia, donde decenas o cientos de familias, por medio de la encomienda, pasaban a depender de un señor encargado de convertirlos al cristianismo y mantenerlos fieles, perfiló con el tiempo un sistema de producción representado por las haciendas. Serán estas haciendas, propiedad de criollos y peninsulares, las que comenzarán a producir el pulque en grandes cantidades.

Una hacienda característica del siglo xix contaba entre sus instalaciones con el casco, que constaba de una casona señorial para los dueños, unas más modestas para los administradores y empleados superiores, el despacho, el tinacal, las trojes, el cuarto de maquinaria y herramientas, las cocheras, el sillero, los cuartos para huéspedes, el alambique, la tienda, la capilla, la escuela, las caballerizas, las zahurdas… todo rodeado por bardas; y adosadas a ellas, las habitaciones de los peones, tlachiqueros y demás sirvientes.

El mayordomo era el hombre encargado de la producción pulquera. Era él quien tenía a su cargo el control de los tlachiqueros y sus tandas, nombre dado a las parcelas de maguey que le tocaban a cada uno. Los tlachiqueros salían mañana y tarde a recolectar el aguamiel de los magueyes y volvían a depositar el producto en los tinacales. Dentro del tinacal, además del mayordomo, laboraban el guardatandas, el capitán, el tinero, el medidor, los mentados tlachiqueros y los valedores. Al terminar éstos sus labores, casi siempre por la noche, solían entonar el *Avemaría* o *El alabado*.

Cuando el mayordomo decidía que el pulque había llegado a su punto, el líquido se preparaba para ser transportado. Y es así que el siglo xix trae un gran cambio en la distribución pulquera: el ferrocarril. Con la llegada de las vías férreas, los hombres de la ciudad, muchos de ellos recién llegados de las zonas de producción del pulque, podían saborear su bebida favorita apenas salida del tinacal. ¿En dónde? En las pulquerías.

DE RETRO

Estamos de vuelta, en aquella pulquería de fines del siglo XIX, donde a la entrada nos encontramos con la enchiladera que nos ofrece peneques, memelas, chalupas, enchiladas, molotes, longaniza y moronga en chile chipotle; hígado de res sabroseado con rodajas de cebolla, carnitas y salsa borracha; y al lado de la enchiladera vemos a un organillero que intenta hacerse oír entre el barullo de la clientela. En una pared a la izquierda observamos un gran mural que retrata el momento en que Judith libera a su pueblo del sitio brutal del ejército de Holofernes, cortándole la cabeza a éste. Abajo de la cabeza del finado general asirio, pero de carne y hueso, se encuentra una linda muchacha engalanada en vivos colores y despachando el pulque con una jícara. A su lado vemos a quien llaman "El Matón", que podría ser su padre, su amante o su hermano. En el extremo descansan unas tinas pintadas con chillantes colores y que ostentan singulares nombres: La mil amores, El de los fuertes, La madre Venus. Sobre las repisas, atrás de lo que es propiamente el expendio, vemos todas las variedades de vasos y recipientes: *tornillos*, *chivos*, *macetas*, *cacarizas* y *reinas*, de Puebla; vasos y jarras de pepita de Texcoco; castañas de madera policromada de Los Reyes y las populares *catrinas*. Pero mejor hagámonos a un lado con nuestros pulques recién servidos, porque el matón que cuida a la chinita se está haciendo de palabras con un empistolado. . .

AGONÍA

Volviendo a los días de este atribulado siglo XXI, encontramos a una Ciudad de México que ha expulsado casi todas sus pulquerías. El pulque ha dejado de ser la bebida más popular de los mexicanos, lo cual es una verdadera lástima. El empuje de la cerveza, con su facilidad de envase y distribución masiva, se ha impuesto. Sólo un puñado de incondicionales, campesinos olvidados, urbanos nostálgicos y algunos jóvenes que quieren permanecer fieles a una tradición casi perdida, mantienen viva la memoria del *teoctli*, el vino de los dioses.

LOS CURADOS

Aunque el pulque natural o blanco siempre fue el que tuvo la mayor aceptación en tiempos precolombinos y coloniales, para los siglos xix y xx los curados de frutas crecieron en el gusto del público. Los curados no son más que la maceración de diversas frutas, verduras y semillas mezcladas con el pulque blanco para endulzar su sabor. Los más comunes y apreciados son los de apio, de tuna verde y roja, de avena, guayaba, cacahuate y betabel, pero existe un sinnúmero de opciones.

LAS CHELAS

Por supuesto, para que sepan más sabrosos los tacos, hoy se les puede acompañar con una rica *chela*. Y como soy regia e intento serlo como Dios manda, algo entiendo de esta bebida tan popular que en mi tierra no se perdona, pues se dice que beberla es la mejor manera de aplacar esa sed abrasadora que se sufre por aquellos lares.

Pues bien, se tienen noticias de que existió producción doméstica de cerveza desde los tiempos de la Colonia en la Nueva España, pero su posible comercialización enfrentaba siempre la omnipresencia del pulque y otros fermentados nativos en el gusto del grueso de la población.

Para el siglo xix, toda producción seguía siendo artesanal, hasta que en 1890 se instaló en la ciudad de Monterrey la primera gran fábrica de cerveza, capaz de producir diez mil barriles diarios. Años después, empresarios alemanes y franceses con capital veracruzano abrieron otra gran fábrica en la ciudad de Orizaba.

El camino por la conquista del gran mercado nacional se había iniciado.

No fue producto del azar que estas dos compañías pioneras comenzaran su producción durante la dictadura del general Porfirio Díaz. Comenzó entonces un esfuerzo por "blanquear" los gustos de la población mexicana. Las pulquerías fueron expulsadas gradualmente del centro de la Ciudad de México hacia la periferia. La primera mitad del siglo xx fue testigo de un cambio de hábitos tendiente a suplir el pulque por la cerveza. Y desde luego, con los refrescos, que en aquella época comenzaban a producirse. La población rural, que debió dejar el terruño y acercarse a las ciudades, fue la primera en acatar el cambio. Su necesidad de ser aceptada la llevó a hacer propias las costumbres extrañas. El pulque comenzó a parecer un símbolo del pasado, de lo silvestre, de lo premoderno. Su extracción, proceso, transportación y manejo parecían entonces antihigiénicos al nuevo hombre de ciudad que podía acceder, con las limpias botellas de cerveza, al bienestar. Para la segunda mitad del siglo, el cambio en el gusto popular estaba hecho

AGUAS FRESCAS

Si por alguna razón no es posible tener una chela por digna compañera, nos conformamos con un refresquito o, qué mejor, con una "agüita" fresca que, por cierto, no existe en otros países del mundo; es otra de nuestras aportaciones, quizá por la abundancia de frutas en nuestra tierra. Sin embargo, en México estas bebidas tienen algo que las distingue de las extranjeras. Aquí, la diversidad de sabores es inmensa: no puede concebirse una comida mexicana auténtica sin su compañía. Su belleza empieza en los vitroleros que las contienen celosamente y que constituyen, además, un hermoso elemento de decoración por su forma y colorido, en donde quiera que se coloquen: ya sea en las banquetas de las calles, en las fondas, mercados y restaurantes, en cuanto lugar se las venda, así como en las casas de buen gusto. Son un toque que denota amor a lo nuestro.

Las aguas se preparan de diferentes maneras según la región, ya que la gastronomía está emparentada con los antecedentes culturales de cada zona y con los recursos naturales locales. En la comida mexicana, cada platillo requiere un tipo de agua fresca especial, puesto que cada rincón atesora sus características peculiares y hasta en lo homogéneo hay oasis: en la cocina yucateca, nada más sabroso que una cochinita pibil con horchata; en el centro de la república son famosas el agua de jamaica y la de chía; en el norte, el agua de limón con hierbabuena alivia la sed que causa el desierto.

Subrayo la importancia trascendente de las aguas frescas pues son parte de nuestras tradiciones que ahora, como nunca, tenemos la obligación de defender. La era de la economía global permea todo. Por eso debemos luchar para que la cocina sea una expresión cultural que nos defina, al tiempo que nos defienda.

Y hasta una pregunta me asalta: ¿Influye en el sabor de las aguas frescas el hecho de que sea filtrada o envasada? Definitivamente sí. No todas las aguas saben igual. Incluso hay algunas en donde la presencia de sales y minerales es más notoria. Entre las envasadas las hay cuyo contenido de sodio es mínimo y, por tanto, su sabor es más delicado.

Me han contado que una noche en Morelia, a principios de marzo de 1929, José Vasconcelos, urgido de un tema para el artículo que todos los lunes publicaba en un diario capitalino, supo de una novedad en la Ciudad de México que consistía en tomar en las esquinas, durante las calurosas tardes de verano, aguas frescas de guayaba, mamey, chicozapote y tuna.

En fin, las aguas bendicen nuestros tacos y le agregan salud y sabor a nuestra vida.

Capítulo VII

CIUDAD DE TAQUERÍAS

Caminemos por la Ciudad de México de finales del siglo XIX, que no se asemeja, obviamente, a la megalópolis de estos días. Digamos que tiene menos de un millón de habitantes. Pensemos solamente, entonces, en una esquina del centro de la ciudad. Transitan por ahí hombres y mujeres que aspiran al cosmopolitismo, algunos campesinos que vienen a buscar trabajo en aras de salir de la miseria, mujeres cubiertas con rebozos negros que siguen a sus hombres a unos pasos; también damas de linaje que, acompañadas de sirvientes, buscan en las tiendas telas recién llegadas de París y Madrid; hombres que están de visita y miran hacia arriba, estupefactos. Y en el centro de nuestra visión, dominándolo todo con sus entradas por las dos esquinas, aparece en vivos colores una pulquería que, junto a tantas otras, ha sobrevivido a las presiones afrancesadas del régimen porfirista, inmerso en su edad de oro con el servicio de ferrocarriles, que trajo el sabroso pulque de los valles de Hidalgo, Puebla y Tlaxcala que, con el tiempo, también acercará a la Revolución.

Han pasado ya más de 500 años desde que la caída de la ciudad de Tenochtitlan llegara a trastocar las costumbres y la vida de los pueblos mesoamericanos. Una ciudad indígena y colonial con grandes tradiciones, aunque muchas de sus costumbres están casi extintas, como las de los pregoneros que recorrían la urbe anunciando su mercancía, llenando las calles y callejas con sus gritos, ofertando sus productos o sus servicios. Era común verlos como parte del paisaje de un folclor urbano, tanto a los que vendían animales: "Guajolotitos, marchante", o "chichicuilotiiiiiiitos", como a aquellos que ofrecían productos aderezados con sus ingeniosas manos, tales como "camoteeees". O el "afiladoooor", personaje que restauraba el filo a los cuchillos y tijeras en las calles, o aquél que compraba prendas viejas: "Rooopa usada que vendaaaan"; y así vajillas, alimentos, plomeros, en fin, todo se ofertaba con gritos y frases curiosas en el vericueto urbano. Desde luego, pululaban en todas las esquinas carritos adornados con los más ingeniosos anuncios. Ilusiones que ahora quisiera compartir con ustedes.

* * *

Los habitantes de esta apasionante Ciudad de los Palacios hemos aprendido como forma de supervivencia a cultivarnos, a distraernos y hasta a entusiasmarnos de una manera muy nuestra; adoptamos todas las comidas, las bebidas, los bailes, las danzas y hasta los excesos como manera de definir distintas formas de acercarnos a la cultura. Nos duelen los males, nos asombran los delirios y también disfrutamos los atributos, bondades y cualidades de todos los rincones de esta ciudad. Me conmueve y percibo el crisol que se conforma con cada una de las entidades. Lo digo desde mi propia experiencia porque yo, con orgullo regio, me he integrado al igual que muchos a este mosaico plural de las singularidades regionales que constituye el marco inigualable de la nación. Es una ciudad pluricultural en la que fluyen y han coincidido los mexicanos de todas las entidades del país, así como de todos los orígenes: indígenas, negros, mestizos, criollos y orientales.

Al caminar por algunas colonias todavía nos encontramos con muestras de esa cultura provinciana o de reminiscencia rural, en los pequeños patios o corrales repletos de perros, cerdos, patos, palomas, gallinas. En otras épocas, la gente arriaba pípilas por las calles; se repartía leña y leche en burros. Y si bien ya no vemos desfilar guajolotes por las veredas citadinas, aún es posible encontrar en calles y avenidas a toda suerte de vendedores. Los que tienen la noble intención de acabar con el comercio ambulante deben conocer sus raíces, ya que es una costumbre milenaria que viene de nuestras culturas originarias, aunque su distribución era entonces muy ordenada y estricta.

El corazón de esta ciudad, tan intrincado y tan mágico a la vez, se caracteriza por tener cantinas, pulquerías, fondas y un infinito número de taquerías de diferentes épocas. Desde luego, las que denotan con mayor facilidad su influencia indígena son las pulquerías, todas ellas con nombres curiosos, a veces exóticos, en las que se expende el tradicional pulque, *neutle* o *tlachicotón*. Nos rememoran estos lugares las descriptivas fotografías del Archivo Casasola.

Las otras son las cantinas de origen español, cuyos antecedentes son las famosas tascas madrileñas, punto de reunión, de solaz y esparcimiento, con mesas para el dominó y el cubilete. Éstas eran exclusivamente para hombres y apenas hace un cuarto de siglo se abrieron a las mujeres, luego de haber sido sitios prohibidos para ellas durante largo tiempo. Así se terminaron las dudas y sospechas sobre lo que ocurría tras sus muros, acerca de las misteriosas actividades que ahí llevaban a cabo esposos, amigos, hermanos y padres, sin sospechar que la mayoría de las veces sólo mitigaban penas, acariciaban esperanzas y construían sueños. Los tragos fluían acompañados con ricas botanas y éstas, por supuesto, rociadas con exquisitas salsas muy picantes. Estos lugares, venidos a menos por el recato uruchurteano, hoy en día han tenido un enorme repunte, sobre todo después de que las mujeres traspasaron los umbrales de estos recintos sagrados, antes destinados a la autoexaltación masculina. Menciono este tipo de espacios por venir al caso en esta investigación taquera, ya que los tacos han sido y son una de las botanas favoritas de estos lugares.

CAPÍTULO VIII

BREVE RECORRIDO POR NUESTRAS TAQUERÍAS

Paralelo al contexto de las mil y una maneras de preparar los tacos, existen, por supuesto, infinidad de taquerías. Y dado que, como muchos mexicanos, me declaro "taquera irrestricta", quiero compartir con ustedes algunas bellas experiencias que he tenido. Una reciente sucedió en las inmediaciones de Santa María la Ribera, quizá de las colonias con mayor tradición de la Ciudad de México, donde nos topamos no sólo con viejas casonas de la época porfiriana, sino con un pasado que se resiste a desaparecer, sobreviviendo apenas a los ejes viales que, construidos en los años setenta, transformaron su sabor de barrio y convivencia vecinal en identidad urbana.

Nos podemos considerar afortunados porque en este complicado país, y concretamente en esta capital, todavía contamos con un rico patrimonio que sobrevive para nuestra fortuna, como puede ser la Alameda; pero, además, nos sorprenden gratamente otras expresiones populares, como la variedad de deliciosas taquerías, fondas y hasta dulcerías. En este rubro, por ejemplo, aún existe la maravillosa chocolatería La Cubana, fundada a fines del siglo XIX.

Sin embargo, en esta ocasión no pretendo hacer una crónica de Santa María la Ribera, sino referirme a algunos de sus puntos clave en el ámbito culinario; según dicen, no conocer estos lugares equivale a no haberse sentado a la mesa ni haber comido sus delicias. Es como no haber estado en esas calles de Dios, como antes decíamos. Cito algunos ejemplos a continuación.

Pachuca, mezcla magna de taquería y fonda, ya casi en extinción, con sus 70 años a cuestas, ofrece una serie de sabrosuras que la hacen única en la colonia (y me atrevería a decir que en toda la ciudad), pues no he probado en ningún otro sitio los tacos como ahí se preparan. De hecho, se trata de la especialidad de la casa: una especie de flautas de barbacoa o pollo (aunque las hay también de papa, chorizo, frijol y rajas) pero, ¡ojo!, sin crema ni queso, ingredientes imprescindibles de las flautas que se sirven usualmente en otros comederos, sino bañadas con una riquísima salsa de guacamole cuya receta está guardada bajo llave, por lo que en su género son inconfundibles y excepcionales. Hay también sopes, tostadas en forma cuadrada (las de crema son deliciosas), tortas y antojitos en general. Al frente del negocio está la linda señora que llaman "Guerra", ella permanece fiel a la tradición y al trabajo diario desde que una de sus tías fundó el establecimiento. Ahora la apoya su esposo, un hombre sumamente amable y buen conversador.

Como toda taquería que se precie de serlo, tiene su propio toque surrealista: en la pared destaca un viejo reloj de caja de madera, que ya no funciona y marca la misma hora en que se detuvo desde hace décadas; igual de antigua es buena parte del mobiliario y unos percheros donde nadie cuelga nada desde hace años. Las paredes lucen pletóricas de pequeñas fotos enmarcadas, en las que aparecen los clientes más antiguos y asiduos; desde luego, muchos de ellos con familias representadas por tres o cuatro generaciones.

En fin, se trata de uno de los pocos lugares que aún conservan nuestras tradiciones gastronómicas populares, con un dejo de surrealismo. Aun cuando se llama Pachuca, los tacos no son propiamente pachuqueños. O sea que en Santa María la Ribera (la calle donde se ubica), al igual que en La bella airosa, también hace aire… y del bueno.

Por estos mismos rumbos nadie pensaría que en un establecimiento que lleva el nombre de La Roca se preparen tacos de carnitas desde hace más de 42 años, además de una bebida casi en extinción: el tepache. Respecto a los tacos, aunque usted no lo crea, justo en La Roca los encuentra muy suavecitos, casi como una seda, en el mejor estilo de las taquerías de antaño, elaborados con tortillas taqueras; es decir, pequeñas, redondas y delgadas. Los hay de maciza, buche, nana, cuero, trompa, chicharrón y hasta servidos en trozo, porque algunos clientes los piden así, aunque casi todos los prefieren con la carne picada muy finamente al estilo Jalisco. Ahí todos los tacos cuestan el increíble precio de cuatro pesos cada uno. Por supuesto, están en la lista los infaltables refrescos de cola, pero sobre todo un buen tepache preparado a la vieja y fiel usanza, es decir, con base en naranja, piña y tamarindo, con su agregado de azúcar, porque se han dado cuenta de que el piloncillo lo fermenta más rápido. Y ¡claro!, en la entrada se exhibe con orgullo la barrica pintada de blanco con aros de color naranja. Se trata de un espacio enclavado también en la colonia Santa María la Ribera, justamente en la calle de ese mismo nombre, esquina con Amado Nervo pues, por cierto, las calles de este tradicional barrio llevan nombres de árboles y poetas.

En este sugerente lugar se topa irremediablemente con unos carteles que dicen: "Gracias por su preferencia." Y nosotros respondemos (Alejandro y yo): "Volveremos."

Entre taco y taco se deja escuchar el taca taca del enorme cuchillo que reduce a la mínima expresión los trozos de las sabrosas carnitas. También se escucha música tropical que tanto se bailaba en ese barrio, al compás de la Sonora Santanera y, de repente, ahora con las bocinas suena fuerte la rumba de moda. La hora está marcada por un reloj promocional de una verdulería de La Merced, que por cierto vende los ingredientes de la deliciosa salsa.

El dueño, Jorge González, activo y abierto, nos mostró muy amablemente el enorme cazo que justo en ese momento reventaba en la superficie con enormes burbujas de manteca; él daba vueltas incesantemente al cucharón procurando tocar el fondo pues, según entendí ésta es una manera de curarlo, rito que hace todos los días sin excepción.

El Chiquitín es el mesero que nos atiende y baila cada vez que deposita un plato sobre nuestra mesa.

Nos cuenta el actual dueño que el negocio comenzó en 1962, que lo atendía su tío y que anteriormente estuvo ubicado en Clavería. Ese nombre se lo puso él, inspirado en el pasaje bíblico de "La roca" referente a los sumos pontífices de la Biblia, misma que representa el cimiento; es decir, San Pedro, la piedra fundamental. Jorge vuelve a su tema original y dice que su tío fue una arenita de La Roca pues más tarde, en los años noventa, siguió el turno de su padre, Jorge González, y de sus tíos José, Jesús y Nacho González.

La salsa es uno de los secretos guardados en caja fuerte pero, como una cortesía, nos reveló que la preparan en crudo en un molino de carne en el cual ponen el jitomate de guaje, casi de los miniatura, y luego agregan chile serrano. Me quedé extrañada porque fue la primera vez que escuché que la salsa se preparaba con este artefacto. "¿No lleva cebolla?", le pregunté. "Sinceramente, no", fue su respuesta. Eso es parte de lo maravilloso de esta salsa y razón por la cual se puede comer a cualquier hora del día y no cae pesada: no lleva condimentos, aunque por su exquisito sabor parece que sí los tiene.

La Roca sólo cuenta con cuatro mesas y dos barras, una pegada a la pared y otra a la parrilla, donde se preparan los guisos. En los muros están colgadas algunas pinturas de personajes típicos de México, de distintos lugares de la república; una manera de reafirmar la identidad. En un tiempo sólo contaba con la mitad del reducido espacio que ahora ocupa, pero se dice que a los asiduos visitantes no les importaba comer de pie, y que incluso así se sentía más el "calor de hogar".

Como he ido relatando, en nuestra ciudad existen muchas taquerías sabrosas que en algunos casos tienen un atractivo urbano y hasta nos solazan con un toque surrealista y cosmopolita. Así, pude conocer una taquería griega fundada por una mujer polaca y en cuyo aniversario se escuchó música francesa proveniente de un teclado electrónico que remedaba a la marimba chiapaneca.

Su dueña, doña Esperanza, nunca imaginó cuando era niña que su destino sería recorrer miles de kilómetros para llegar a la Ciudad de México y luego, años más tarde, inspirada por los tacos griegos Adonaky, que tanto le gustaron en Puebla (donde antes vivió muchos años), traerlas a la propia capital.

La taquería El Greco cumplió 27 años y por una mágica coincidencia la visité por primera vez; sólo así pude enterarme de que, además de sus riquísimos tacos, existe una lámpara con un foco parpadeante, el cual ha durado los mismos años iluminando el lugar.

Doña Esperanza nos platicó que desde que abrió este pequeño local instaló cuatro lamparitas esféricas de color amarillo; en una de ellas ocurrió el milagro, pues durante más de dos décadas, aunque parezca increíble, sigue funcionando un foco, que incluso fue coronado con una especie de altar que consiste en tres rosas rojas atadas a la lámpara que lo contiene.

Todo el mundo sentado, comiendo en las reducidas mesitas cubiertas por el más clásico y floreado vinil y, por si acaso, también con un plástico grueso y transparente. Y frente a nosotros, para abrir el apetito, un portasalsas triple para el guacamole y la salsa de chipotle mezclado con otras especias (jamás nadie sabrá en qué consiste el sabor de la casa), la cual antes ponían en un envase tipo azucarera con regadera para bañar bien el taco. Y claro, servilleteros de lámina garigoleada al más puro estilo rococó, además de botiquín, extinguidor y reloj en el rincón menos visible, que cumple un ritual burocrático.

Como toda taquería que se respete, en ésta apenas hay espacio para pasar y sólo tiene seis mesitas en donde los clientes no cesan de llegar. Esta famosísima taquería está ubicada en el corazón de la colonia Condesa, en la esquina de Nuevo León y Michoacán. Abre su menú con sabrosuras mexicanas propias de la tradición gastronómica del mestizaje que tanto nos caracteriza, pues la dueña nos confiesa finalmente que los tacos son entre griegos y árabes, además de haberles agregado su toque personal. Todo cabe en un espacio no mayor a 30 metros cuadrados, con sus paredes decoradas con franjas de formaica verde pistache y café oscuro, casi negro, intercaladas como si fuera la camiseta de un equipo de futbol. El día que la visité, su ventilador eléctrico no cesó de oscilar para refrescar el lugar, pese a que ese día cayó un chaparrón de pronóstico reservado.

Desde luego, el eje de la taquería es una reducidísima plancha donde, como en un pasaje de la Biblia, se multiplican decenas de tacos aquí en vez de panes. Saltan a la vista las infaltables ollas de peltre, los tubos de luz fluorescente, un refrigerador doméstico y, ¡asómbrese!, una cafetera para preparar café de grano, en la taquería misma.

Hay ricos postres, pero ese día hubo pastel con velitas, con música de Mañanitas para celebrar. A todos los clientes se les regaló una rebanadita y algunos de ellos llegaron con flores para doña Esperanza: una mujer amable, simpática, con un don de gentes que sorprende por su dinamismo, a pesar de que tiene nietos que pronto serán adultos.

En las paredes hay cuadros de los más diversos estilos y sólo uno que hace referencia al pintor español del siglo XVI, Doménikos Theotokópoulos, a quien conocemos más como El Greco.

A nuestras espaldas, el fogón despedía en todo momento el sabroso olor de los donaky, con su toque mágico y surrealista.

Un dato que también habla a favor de Esperanza Toyber es que los integrantes de su personal básico —o sea, un taquero que además es maratonista (José Bonifacio Rodríguez) y una cajera (Caridad Rosas)— tienen más de 20 años trabajando ahí y aún se les ve contentos. Al pagar nuestra cuenta nos llegó un grato regalito: una bolsita de fieltro color rosa mexicano con dulces y otras minucias.

Una taquería que en verdad constituyó toda una propuesta culinaria fue Los Cocoteros, que representó en los años sesenta y setenta la propuesta culinaria de lo que ahora conocemos como flautas; es decir, los tacos alargados, fritos previamente y que suelen ser de pollo o de barbacoa, aderezados con crema y queso, además de salsa verde o roja. Recordé una en las calles de San Cosme, la que supongo fue la primera taquería de esta cadena, que luego se extendió a otros puntos de la ciudad. Desgraciadamente, las sucursales fueron desapareciendo o quizá reubicándose con otros nombres.

Tacos Beatriz, sin duda una de las taquerías más antiguas de México, tuvo su esplendor en los años cuarenta y cincuenta, atendida por la dueña del mismo nombre, quien fue muy popular. Eran tacos con tortillas hechas a mano, de carnitas, chicharrón y guisados. Por supuesto que no podía faltar la salsa elaborada con base en el guacamole. Parece, tristemente, que ya no operan por problemas que derivaron del deceso de su fundadora y propietaria, doña Beatricita, aunque se dice que hay una sucursal en la Zona Rosa.

La Tonina, fundada hace más de cincuenta años, todavía existe, pese a que ha cambiado de propietarios. Debe su nombre a que en sus orígenes perteneció al luchador conocido como Tonina Jackson, gran estrella de la lucha libre y héroe de los niños de aquella época. Un hombre gordo y sonriente –y, por si fuera poco, paisano mío, pues nació en Monterrey– abrió ese espacio culinario con el sabor de la tradición norteña de la tortilla de harina y guisos como la machaca, el chilorio, carne deshebrada y otras delicias, incluidas, desde luego, las indispensables gorditas de trigo.

En honor del gran torero Rodolfo Gaona se bautizó la taquería El Califa de León, que es ya toda una tradición que se extiende hasta nuestros días y donde se sirven magníficos tacos. Aquí los elaboran con tortillas hechas a mano, a las cuales les ponen en su centro —es decir, en su espíritu— un suculento bistec con un toque de manteca y deliciosa salsa verde. Sí, me refiero al gran invento de tacos al estilo gaoneras.

En la primera taquería de la cadena El Farolito, en la colonia Condesa, muy probablemente se ofrecieron por primera vez en la capital los llamados tacos al carbón; asados directamente en la parrilla y montados en una tortilla con opciones de ricas salsas, esta propuesta presentaba una idea más estética e higiénica con respecto a las taquerías tradicionales de la época. Con el tiempo, y gracias al éxito de esta taquería, fueron abriéndose muchas sucursales y su menú se diversificó, de modo que actualmente se despachan también tacos de carnitas y de chicharrón. Su especialidad, además de los tacos al carbón, son los "volcanes" de queso y carne o en la variante de pan árabe o "farolada".

Entre las que han hecho grandes aportaciones a la cultura del taco debe incluirse la taquería El Paisa, que funcionó también en San Cosme por más de cincuenta años pero por razones diversas finalmente desapareció. Tras su vitrina con foco para mantener calientitas las carnitas, ofrecía una gama muy amplia:

riñón, hígado, nana, lengua, cuerito y, desde luego, maciza. Unos tacos muy sabrosos, elaborados con doble tortilla de pequeña circunferencia y bañados con una rica salsa mexicana, que se caracterizaba por ser casi líquida.

El Grano de Oro está por los rumbos de Mariano Escobedo y el cliente, aparte de consumir ahí los tacos, puede comprar las carnitas por kilo para llevar. En puestecitos aledaños puede adquirirse como complemento una ensalada de nopal o de haba fresca, o bien un aguacate entero con su manojo de cilantro o de pápalo quelite.

También de gran tradición, se dice que El Tizoncito, ubicado en la Condesa, es la taquería que ofreció por primera vez los ahora tan conocidos y deliciosos tacos al pastor, elaborados a partir de rebanadas que se cortan de un gran trozo de carne adobada y a los que se añaden pequeñísimos pedacitos de piña. Con el tiempo, la gente le ha llamado también taco hawaiano.

Los Panchos es una taquería célebre y cuyos dueños se aventuraron con gran audacia a rebasar el territorio tradicional de las taquerías –pues casi todas se ubicaban en ese espacio que ha tomado auge por su remodelación, que es el Centro Histórico–, para ubicarse en las inmediaciones de las colonias Anzures y Polanco. Y además fueron originales pues empezaron a hacer los tradicionales tacos de carnitas con tortillas más grandes y más carne, además de ofrecer otros antojitos, como las famosas petroleras que, de hecho, son una especie de sopes con queso, frijol y salsa. Así como un guiso que sólo los más antiguos clientes saben que ahí se prepara especialmente y que inventó el doctor Morones Prieto: carnitas, salsa de la casa y huevo, servido con tortillas recién hechas.

Afortunadamente, en el Centro Histórico existen espacios como La Casa del Pavo, que forman parte de la verdadera nostalgia de esta capital, los cuales ofrecen sosiego al cuerpo, y también al alma, gracias a la pátina del tiempo. Se trata de un auténtico oasis de sabor e identidad urbana, justo en el mero corazón de la ciudad, fundado hace 102 años. Por ello debe considerarse el primero en su género como "señor y dador de paverías en otros lugares".

Pero vayamos directo al grano, o más bien a los exquisitos tacos y tortas que ahí se preparan. Como el nombre del establecimiento lo dice, qué mejor que pedir una buena torta o un delicado taco de pavo, aun cuando existen otras muchas opciones en el menú a precios accesibles; muy adecuados para sobrellevar la crisis que se padece hoy día.

Seguramente sus diferentes propietarios han considerado, a lo largo de la historia de este restaurante, desde la calidad del pavo que se selecciona hasta su cuidadosa preparación, y me imagino que también su misterioso horneado. El pan –en este caso teleras– debe estar suavecito y ligeramente crujiente, aunque una de las claves es el pequeño baño de guacamole de la casa sobre la carne. Y, desde luego, el gran remate son los chiles en vinagre con sus indispensables zanahorias, ajos y cebollas, que han reposado el tiempo suficiente dentro de un gran barril de madera de cedro, una verdadera reliquia.

Decía que, si bien la carta anuncia como base estos deliciosos antojos, puede empezarse con un rico consomé –¡claro!, de pavo– y luego quesadillas con queso y ¡pavo!, junto a otros manjares que no se quedan atrás, como puede ser una suculenta torta o taco de pierna.

El lugar no es muy grande y alrededor de su parrilla hay una actividad impresionante debido al gran número de comensales que entran y salen constantemente. Si uno mira el techo observará que aún quedan vestigios de aquellos decorados de principios del siglo pasado, con reminiscencias porfiristas.

No deja de llamarme la atención que por fortuna subsistan ésta y otras instituciones en torno al pavo ya que nuestros vecinos del norte se han apropiado de la idea de que el pavo es su aportación. Sin embargo, el huaxotl (en náhuatl) es una gran aportación de México al mundo, a pesar de que con frecuencia se nos olvide. La Casa del Pavo, uno de esos privilegios que forman parte del centro de la metrópoli, con su policromática historia y tradiciones y con el amplio abanico de sabores que ofrece, presume nuestra propia identidad.

La especialidad de la taquería El Negro son los dorados, sobre todo los muy dorados; sí, leyó usted bien, pues incluso la diferencia entre unos y otros hace que tengan distintos precios: si desea uno de los más dorados, debe pagar un peso adicional pues para que queden más tostaditos debe gastarse un poco más de gas y, como dice el dueño, eso quita "tiempo de parrilla" a los tacos menos dorados o normales. Por cierto, el dueño nos relata que, en sus inicios, a unos cuantos metros de esta taquería pasaba el río Churubusco y existía un tranvía que daba vuelta justo antes de llegar a ese cauce, el cual sólo podía atravesarse por un puente de madera, y que hoy en día es una más de nuestras grandes vialidades. En este establecimiento se sirve también una rica variedad de alambres y tortas de imaginativas modalidades y nombres. Un detalle chusco es que alguna vez, aprovechando su éxito, al lado del local de El Negro se abrió una supuesta competencia, con el nombre de La Güera.

También debe mencionarse Taco Inn, que desde hace algunos años ha instalado sucursales en varios rumbos de la ciudad, y que evidentemente ha querido agregarle a nuestro tradicional taco un toque de modernidad.

De fecha más reciente, pero no menos sabrosos, son los tacos De Berna, es decir, de Bernardo, bajo su letrero de Tizoncito II. Se cuenta que fue desalojado del local donde estuvo inicialmente, debido a envidias y ambiciones de otros que quisieron aprovechar esa esquina que ya se había vuelto muy popular en la colonia Nápoles. Pero Bernardo venció a fin de cuentas pues consiguió un local atravesando la calle y ahí instaló de nueva cuenta su changarro, adonde por supuesto lo siguió su muy nutrida clientela. Por eso se dice que en esa colonia volvió a triunfar el bien, aunque por desgracia años después, debido a la inseguridad pública que conocemos y que casi todos hemos sufrido, el famoso Bernardo murió en un asalto. Por fortuna, su hermana sigue atendiendo el negocio, con tanto éxito que a los tacos de bistec asados ahora se suman los tacos de cabeza de res (maciza, seso, ojo, lengua, tripa).

En el Salón Corona, que se distingue por la inmensa variedad de tacos que ofrece, la tradición, como en muchos de estos lugares, es comerlos de pie. Tiene un horario bastante amplio, ya que abre los siete días de la semana a las ocho y media de la mañana, y generalmente cierra a la media noche. Suele tener una clientela muy fiel y vasta, ya que hay muchas personas que todavía se atreven a andar por calles céntricas. Sus tacos más famosos son los elaborados con la clásica pechuga de pavo, picadillo, pulpo, bacalao y quesadillas. También se sirve un exquisito caldo de camarón, pareja perfecta para los tacos.

Don Chancho, en la colonia Escandón es un espacio interesante, creado en 1945 y muy reconocido porque lo visitan grandes personalidades; pero también porque comer ahí constituye una verdadera experiencia gastronómica. Se trata de la casa de los propios dueños, que son doña Bertha y don Chancho; forman parte de ese tipo de familias que se han forjado entre los peroles y los comales, razón por la cual son grandes expertos en la preparación de tacos. Tienen una especialidad: las carnitas. Entre los tacos más famosos se distinguen los de achicalada, aunque también encontramos sopes y tacos de sesos.

El Gran Taco es un lugar más moderno, creado por los años setenta. Cuenta con un gran atractivo: sus tortillas, que tienen fama de ser de la mejor calidad. Esto lo corrobora su gran clientela, la cual han cultivado por más de tres décadas. Este establecimiento tiene la particularidad de preparar los tacos con hígado, longaniza, bistec, moronga y múltiples guisados, entre los que podemos escoger a nuestro antojo.

Es curioso, pero en muchas de las pequeñas taquerías que se distinguen por su sabrosura, no importa el nombre sino su calidad. Me refiero a los tacos sin nombre. Una de ellas se encuentra en la calle de Vidal Alcocer y comparte el eje vial con la banqueta, los peatones y hasta los automóviles; pero todos estos inconvenientes no demeritan su prestigio. Aquí, la variedad es casi inagotable pues encontramos tacos tanto de suadero como de longaniza, machitos, cabeza y, por supuesto, de lengua. Y no podían faltar los de sesos y los imprescindibles tacos al pastor. Es un lugar auténtico, con ese sabor único que tiene el barrio de Tepito. Así es que, si ustedes se atreven a tener una aventura gastronómica por el llamado Barrio bravo, no dejen de ir.

Pues bien, El Jarocho, ubicado en la colonia Roma, ya tiene sus añitos ya que fue fundado en 1948 y se le considera una de las taquerías más famosas de la Ciudad de México. Se caracteriza por sus sabrosísimos tacos de guisados, que pueden comerse de la manera que hemos preferido los mexicanos –es decir, parados– y si acaso no tiene esas costumbres, también hay cómodas mesas y sillas, incluso un servicio más formal en la planta alta. Su fama es tal, que con mucha frecuencia vemos a la clientela comiendo hasta en la banqueta: por algo son tan reconocidos.

Esto podemos confirmarlo con gran facilidad; con frecuencia, en las comidas a las que asistimos en casa de amigos encontramos las clásicas servilletitas con el logotipo de El Jarocho, pues también abastece comida para banquetes. Además, es reconocido por la habilidad de sus cantineros, ya que el establecimiento puede considerarse como un restaurante bar; todas las tardes puede escucharse música romántica y, por supuesto, a los jarochos, de quienes tomaron su nombre. Orgullosamente, abren todos y cada uno de los días del año, y su horario también es muy amplio: desde las 8:00 hasta las 22:00 horas.

Tacos El Charro, es un lugarcito ubicado justo en el mercado de Coyoacán, donde hay muchísimos sitios prestigiosos por sus exquisitos tacos. Pues bien, uno de los que tiene mayor popularidad es El Charro: aquí se rifan los de carnitas, cuerito, buche, nana, oreja y, de repente, por ahí nos tienen sorpresillas; sus salsas son gloriosas y su guacamole no tiene igual, ya que lo preparan en grandes molcajetes. En las horas acostumbradas tanto para comer como para cenar ni se le ocurra ir, porque no encontrará lugar; aquí ni siquiera parados, ya que no se dan abasto.

La popularísima taquería Don Beto se encuentra en la colonia Narvarte, donde también han proliferado este tipo de comercios que alcanzan gran fama. Esta taquería fue fundada en 1985 y desde entonces ha mantenido su calidad. Ahí podemos probar tacos de longaniza, bistec y suadero, así como un chicharrón maravilloso. Son muy reputados, especialmente porque ahí se originó una variedad llamada campechana, en la que se mezclan muchos de estos ingredientes; no contentos con esta creación, sus expertos taqueros inventaron otra que se ha hecho célebre bajo la denominación de cochinada, consistente en recoger todo lo que queda pegado en el comal (si somos sinceros, muchas veces en nuestras casas cometemos este tipo de pecados, rascándole al comalito los trocitos requemados que quedan por ahí, ay, que tienen un sabor muy rico y peculiar). También sabemos que en Don Beto se forman tumultos, así que váyase armado de mucha paciencia, porque bien vale la pena esperar.

Manolo y Chéster también están en la colonia Narvarte, justo en la glorieta donde convergen Vértiz y avenida Universidad, lugar en que el destino las puso en eterna competencia. Sin embargo, los dos establecimientos cuentan con buenas credenciales y también ofrecen el atractivo de servir los tacos directamente en su carro. Y para que la competencia continúe, los dos negocios hacen entregas a domicilio.

Ostentando el nombre del famoso corrido, está la taquería Rosita Alvirez ubicada en la colonia Portales. Se conoce y reconoce por sus notables tacos. Por supuesto tiene ese toque misterioso de bar singular, pero no cabe duda que ahí los consumen por docenas. Podemos encontrarlos de cecina, moronga y suadero. Aquí también los taqueros son muy creativos y hacen combinaciones por demás exóticas.

De Brasil-Copacabana fue fundada en 1981 y, como muchas taquerías, originalmente consistió sólo en un pequeño puesto ubicado en la banqueta, pero la aceptación de los consumidores lo hizo crecer. Cuando estos lugares tienen éxito se ven obligados a ampliarse y hacer estos espacios más formales; sabemos que esta taquería ya cuenta con un local instalado con todas las de la ley, pero eso no ha erradicado la costumbre de comer sus ricos tacos al borde de la banqueta.

El Caminero se ubica en la colonia Tabacalera y sin duda es la que cuenta con mayor fama en esa zona. Se trata de un lugar cómodo, con espacios bien adecuados y es reconocida por la limpieza con que elaboran sus tacos. Empieza a dar servicio a partir del medio día, pero su horario es flexible ya que cierra después de la media noche. Este sitio ha prosperado tanto que se vio en la necesidad de crear una sucursal, ubicada en la colonia Cuauhtémoc.

El Caimán es el nombre de varias taquerías ahora instaladas incluso en las inmediaciones de la zona sur, pero en un principio estos establecimientos surgieron y se multiplicaron —se diría que exponencialmente— en el centro. Es una de las taquerías de más prestigio. Muchos jovencitos, después de visitar bares y discotecas y tener alegres veladas en las que se han pasado de copitas, acuden a este sitio donde la corriente sanguínea recupera su normalidad después de unos cuantos tacos. Este sitio abre todos los días del año a partir de las nueve y cierra después de las tres de la madrugada. Asimismo, se reconocen porque sirven grandes banquetes a domicilio.

El Pastorcito está en Lorenzo Boturini y se cuenta que en el rumbo no hay tacos que se equiparen a los suyos. Tienen servicio en mesas pero, como lo hemos visto en otros tantos lugares, hay mucha gente que se inclina a continuar con la buena —o mala, pero arraigada— costumbre de comer los tacos en plena calle, a sabiendas de que en general no contamos con seguridad pública eficaz.

Como no quiero dejar fuera a ninguno de los puntos cardinales de la ciudad, incluyo los tacos Cecina, que se encuentran en el corazón colonial del viejo Chalco, justo en un puesto del mercado muy cerquita de las tortillerías. Como su nombre revela, su especialidad son los de cecina.

La famosísima cadena Las Flautas ya cuenta con más de medio siglo de vida y, como muchos de estos misteriosos espacios, su primera sede sólo tiene con dos metros cuadrados de superficie. Su especialidad son los doraditos de barbacoa, los cuales se distinguen porque son muy llenadores y su calidad está a toda prueba. Se dice que asisten artistas de extracción popular y, en una de sus sucursales, hay un mural que lo atestigua. Éste es un negocio que se ha traspasado de generación en generación.

Don Chava, taquería de factura reciente, fue fundada en los años noventa. Se encuentra en la calle Asia, justo en la glorieta África, ubicada en la colonia Romero Rubio. Las flautas que ofrecen ya gozan de gloria, sus ingredientes se sirven en cantidades abundantes y su precio es muy accesible.

El Fogoncito nació en un año que es símbolo de tragedia, pero que también simboliza un parteaguas en la historia de México: me refiero a 1968. Este pequeño espacio expende tacos que pueden competir con los mejores lugares de México, tanto en su sabor como en su presentación. La clientela, como en muchos de estos lugares, tiene por compañera una televisión. Pero también existe otra modalidad: comer los tacos en el carro, o bien, si se quiere, basta con cruzar la calle para encontrarnos con un ambiente más formal, ya que cuenta con otro local más en el que se pueden disfrutar estas maravillosas delicias.

México es un lugar que da para todo, porque existe una taquería que lleva medio siglo elaborando tacos de hígado, longaniza y suadero acompañados con tortillas recién hechecitas. Este expendio se encuentra justo en la típica colonia Tacuba y su especialidad son los tacos de riñón. Este lugar atiende a un amplio volumen de clientela ya que cuenta con una gran experiencia; las riendas del negocio las lleva don Francisco Mendoza, quien lo heredó de su abuela, mujer enamorada de nuestras tradiciones.

La Cabaña de Don Gabriel fue fundada en 1988 por los rumbos de Azcapotzalco, y en poco tiempo se ha convertido en uno de los lugares más socorridos por una variada clientela, tanto en edad como en nivel social y económico. Se dedica a elaborar riquísimos tacos de ojo, suadero, lengua, sesos, cabeza, maciza y longaniza, pero aquí cabe mencionar que los que tienen mayor demanda son los de machitos.

La famosa taquería Ojo de agua se encuentra en Eduardo Molina esquina San Juan de Aragón y en ella pueden probarse no solamente ricos tacos, sino también deliciosas tortas y la cortesía de la casa: sus famosas cebollas y pepinos encurtidos. También son muy apreciados los licuados de frutas y las tortas de angula. Y como su fama creció y creció decidieron abrir una sucursal, la cual se encuentra en calzada Vallejo, justo frente al Hospital de La Raza.

Doña Mago es un famoso puesto de flautas situado en la colonia Ex Hipódromo de Peralvillo y ha ganado su prestigio gracias a la esmerada atención que ofrece su dueña desde hace cinco décadas, apoyada solamente por dos ayudantes.

Es reconocida tanto su calidad como su servicio, el cual, como en muchos otros casos, se extiende generalmente a la banqueta. También son muy recomendables las costillas y sus precios son muy accesibles.

Una excelente taquería sin nombre está ubicada en la colonia Anáhuac. Por más de 50 años le ha dado gusto a los más exigentes paladares que aprecian los tacos de tripa, pancita y molleja; solamente ofrecen estas tres opciones, pero ni falta hacen más variedades. Sus tortillas tienen gran fama.

Cambiando un poco de rumbo, en el mercadito de antojitos de Coyoacán, encontramos los más tradicionales locales tanto para almorzar, como para comer o merendar, justo a la medida de las costumbres populares que caracterizaban los típicos barrios de Colón. Sabemos que la crisis ha golpeado los bolsillos de muchas personas y, justo por tal situación, este singular espacio coyoacanense ofrece una alternativa accesible.

Igual los tacos de Don Lauro, cerca de la Cámara de Diputados, donde se ofrecen las populares "bombas" con base en bistec y longaniza.

La Huichapeña está en la colonia Morelos y en ella podemos probar las tostadas más deliciosas, así como tortas muy bien preparadas y las flautas. Tiene una singularidad que la hace única: sirven el tradicional tepache, que preparan con todo rigor, como lo hacían nuestros antepasados. Es un espacio pequeñito, lo cual, como en otros muchos sitios, obliga a la clientela a tomar las banquetas como una extensión muy agradable para degustar estas exquisiteces.

Los Tlacoyos de Doña Angélica están en Xochimilco, zona que tiene bien ganada reputación por sus deliciosos antojitos, fantasías maravillosas que nos invitan a cometer el pecado de la gula. El lugar es modesto y posee un gran renombre, especialmente por sus tlacoyos, que en sus orígenes eran preparados por la madre de la actual dueña, quien ha heredado esta maravillosa tradición aprendida al frente del fogón. Existen otras opciones, como los deliciosos huaraches, las quesadillas y las crujientes tostadas.

Desde luego, no puedo omitir las taquerías que están cerca de mi casa: una es la que se pone al ladito del CCH sur; otra es la ubicada junto a un Oxxo, sobre el Periférico, casi frente a la Sala Ollin Yoliztli; todas con el denominador común de que no tienen nombre. Pero claro, en cada colonia y en cada calle —dentro de un garaje, en la puertecita de una vecindad que se abre misteriosamente por las noches— los capitalinos tienen su taquería predilecta; es decir, una taquería a su medida, tan sagrada que casi podría decirse que está hecha a su imagen y semejanza.

Como El Charco de las Ranas y su crocante chicharrón de queso. Otra digna de mencionar es Tacos Express (coma ahora y pague después), en la que se estila una ficha multimodal para recorrer la variedad de tacos y posteriormente pagar. El Borrego Viudo, con sus tacos de vísceras, que también funcionan muy activamente hasta la madrugada y, por supuesto, incluir el local ubicado en la esquina de avenida Revolución y Viaducto, que no solamente ofrece una gran gama de tacos, sino diversos segmentos donde se expenden lo mismo quesadillas que tostadas, tortas y gorditas, pero muy especialmente una amplia gama de jugos y licuados. Un sitio similar se localiza en el cruce de avenida Coyoacán con Mier y Pesado, donde hay establecimientos de dueños diferentes, pero que constituyen una extensa oferta en cuanto a tacos, además de caldos, quesadillas y tostadas, con la opción de tomar un sabroso y humeante chocolate con churros o un suculento pozole blanco o rojo.

Pero no sólo destacan los nombres de algunas taquerías verdaderamente legendarias, sino también el lugar donde funcionan. Así, por ejemplo, están las taquerías instaladas alrededor de la Plaza México los domingos de toros.

En la memoria colectiva tenemos a los Tacos del Charro y los llamados Villamelón. Y, desde luego, quiero rendirle tributo a esos "héroes anónimos" de la tradición taquera, que aparecen y desaparecen en las esquinas de todas las casi dos mil colonias de la Ciudad de México, que suelen estar casi a reventar, sin omitir a quienes sólo son taqueros de "fin de semana", ya sea en un tianguis o mercado sobre ruedas, o quizá en un carrito que deambula por estas calles de Dios. Las taquerías, como podemos comprobarlo con sólo caminar unas cuadras por cualquier rumbo de la ciudad, son casi incontables, pero al menos he intentado dar una muestra de las que considero más tradicionales, conocidas o concurridas. En fin, la lista es mucho más amplia y aunque no pretendo que esta obra constituya una crónica de todas las taquerías de ayer y de hoy —tarea más exhaustiva y quizá imposible—, sí me propuse hacer un repaso de algunas de las más populares para ejemplificar la variedad de tacos que pueden saborearse en la capital de la república, pues con el tiempo se han abierto algunas taquerías con variantes muy atractivas para el consumo de los mexicanos, tan identificados con este delicioso y versátil platillo.

Los convoco a conocer, amables lectores, las entrañas de nuestra bella capital a través de su geografía taquera, salsera y de aguas frescas mediante nuestro propio estómago, ya que nadie puede comer con estómago ajeno —aunque dicen que los enamorados sí son capaces de hacerlo.

EL GRAN RECETARIO

TACOS DE CARNE DE RES

Ahora disfruta de los sabrosos

TACOS PIRATA

Tortilla de harina GIGANTE, Carne Asada y Queso asadero

TACOS ADOBADOS

INGREDIENTES

500 gramos de falda de res
cocida

Aceite para freír, el necesario

500 mililitros de adobo previamente preparado

Lechuga fileteada

Queso fresco desmenuzado

Tortillas de maíz

PREPARACIÓN

Deshebre la carne de res y ponga una pequeña
porción en cada tortilla para hacer los tacos. Se fríen
en aceite bien caliente, escúrrales el exceso de grasa
y luego sumérjalos en el adobo. Sírvalos sobre una
cama de lechuga y espolvoréeles el queso.

TACOS DE CARNE A LA MEXICANA

INGREDIENTES

½ kilo de falda de res cocida y deshebrada

½ cebolla rebanada

1 diente de ajo

2 jitomates picados

3 chiles adobados, picados

Aceite vegetal

Sal al gusto

Tortillas de maíz

PREPARACIÓN

Acitrone la cebolla y el ajo en aceite, incorpore el jitomate y cuando cambie de color, añada la carne y el chipotle, sazone con sal y revuelva.

Cocine a fuego medio hasta que el guiso quede casi seco; retire de la estufa y sirva en tacos.

TACOS DE PICADILLO VERDE

INGREDIENTES

¼ de kilo de carne molida de res

8 tomates verdes cortados

1 cebolla picada

2 tazas de granos de elote cocidos

1 rama de epazote

Sal y pimienta al gusto

Aceite vegetal

Tortillas de maíz

PREPARACIÓN

Acitrone la cebolla en aceite, añada la carne, mueva para deshacer los grumos y sazone con sal y pimienta.

Cuando cambie de color, añada los granos de elote, los tomates y el epazote; cocine hasta que los tomates estén cocidos y se hayan secado un poco.

TACOS DE BISTEC CON TORTILLAS DE HARINA

INGREDIENTES

400 gramos de bistec de
aguayón o de bola, cortado
en tiritas
¼ de taza de aceite de oliva
1 ½ cebollas cortadas en
sesgo
4 chilacas grandes, asadas,
desvenadas y cortadas trans-
versalmente
Sal al gusto
Tortillas de harina

SALSA
4 jitomates picados en cuadritos
1 cebolla chica finamente
picada
3 chiles serranos picados
2 cucharadas de jugo limón
2 cucharadas de aceite de
oliva
2 cucharadas de hojas de

PREPARACIÓN

En una sartén ponga el aceite para que se caliente
durante unos minutos, agregue el bistec y séllelo (ver
glosario). Añada la cebolla hasta que estén ligeramente transparentes y en seguida las chilacas. Continúe la cocción y sazone con sal. Mientras tanto,
caliente las tortillas de harina.

Salsa
En un recipiente de cristal combine todos los ingredientes y salpimiente al gusto.
Enrolle las tortillas con la carne guisada y forme
rollitos apretados, colóquelos en un platón. Acompáñelos con la salsa.

TACOS DE CARNE DE RES

INGREDIENTES

¼ de taza de aceite de oliva

½ kilo de carne de res (de preferencia aguayón), cocida y desmenuzada

1 cebolla mediana picada finamente

½ taza de crema

100 gramos de queso panela rayado

Tortillas de maíz

SALSA

¼ de taza de aceite de oliva

2 chiles serranos asados

2 jitomates asados

1 cebolla mediana partida en cuartos y asada

PREPARACIÓN

En el aceite se acitrona la cebolla y enseguida la carne; rellene las tortillas previamente pasadas ligeramente en el aceite; se enrollan formando los taquitos; se colocan en el platón y se cubren con la salsa, la crema y el queso espolvoreado. Se sirven de inmediato.

COTZITOS

INGREDIENTES

½ kilo de carne molida de res

½ cebolla picada

1 diente de ajo picado

2 jitomates medianos picados

½ taza de pasitas

½ litro de crema

200 gramos de queso añejo
desmoronado

Sal al gusto

Aceite vegetal

Tortillas de maíz

SALSA

2 jitomates asados

¼ de taza de cilantro

¼ de cebolla asada

1 diente de ajo asado

2 chiles serranos

¼ de taza con agua

Sal al gusto

Tortillas de maíz

PREPARACIÓN

Fría la cebolla y el ajo hasta que la primera esté acitronada. Incorpore el jitomate y cuando hierva, añada la carne, las pasitas y la sal; cocine a fuego medio hasta que se consuma todo el líquido. Caliente las tortillas, póngale un poco de picadillo y enróllelas apretadamente; acomódelas en un platón y reserve.

Salsa
Licue todos los ingredientes y cocine a fuego medio hasta que hierva durante cinco minutos.Sirva los cotzitos con salsa de jitomate, crema y queso.

TACOS DE MACHACA

INGREDIENTES

2 ½ tazas de carne seca y
deshebrada, al estilo norteño
1/3 de aceite vegetal o manteca de puerco
1 taza de cebolla finamente
picada
Tortillas de harina

Salsa
¼ de taza de aceite de oliva
1 ½ cebollas medianas finamente picadas
6 chiles serranos (pueden
substituirse por el equivalente
de piquín), finamente picados
3 tazas de jitomate finamente
picado
6 huevos batidos
Sal al gusto

PREPARACIÓN

Caliente el aceite en una sartén, incorpore la cebolla
y deje que se torne transparente; agregue la carne,
cocínela a fuego mediano hasta que se dore un poco
y apártela.

En otra cacerola se prepara la salsa. Se calienta el
aceite, incorpore la cebolla y acitrónela hasta que
esté transparente; añada los chiles y los jitomates
con su toque de sal. Enseguida agregue la carne
y continúe la cocción hasta que espese un poco.
Vierta los huevos batidos y muévalos ocasionalmen-
te con una cuchara de madera hasta alcanzar el grado de cocimiento deseado. Se rellenan las tortillas y
se enrollan como taco.

TACOS DE CECINA AL ESTILO JALAPA

INGREDIENTES

8 tiras de cecina natural cortada en tiras delgadas
8 tiras de cecina enchilada
Aceite vegetal o de oliva
Tortillas de maíz

SALSA
3 aguacates maduros, pelados y sin hueso
¼ de cebolla mediana finamente picada
6 chiles serranos finamente picados
⅓ de taza de cilantro finamente picado
Jugo de dos limones o al gusto
½ calabacita muy pequeña, molida
3 cucharadas de aceite de oliva
Sal al gusto

PREPARACIÓN

Caliente dos sartenes, incorpore el aceite y fría las cecinas durante tres minutos por separado, hasta que doren, cuidando que la carne mantenga su jugo. Se cortan en tiras y se juntan. Se pone esta mezcla de carnes en las tortillas bien calientes y se hacen los tacos.

Salsa
Ponga los aguacates en un recipiente y macháquelos con un tenedor. Agregue la cebolla, los chiles, el cilantro, el jugo de limón, la calabacita, el aceite de oliva y la sal. Mezcle los ingredientes para formar un puré. Deje los huesos del aguacate dentro de la preparación para evitar que se ponga negra. Vacíe en un recipiente adecuado.

TACOS DE CECINA ENCHILADA

INGREDIENTES

2 kilos de bisteces de cerdo

8 chiles anchos

8 chiles guajillo

10 dientes de ajo

¼ de cucharadita de orégano

1 pizca de cominos

12 pimientas enteras

1 ramita de laurel

1 ramita de tomillo

½ taza de vinagre blanco

Sal al gusto

Tortillas de maíz

PREPARACIÓN

Sazone la carne, póngala en un recipiente, cubra con plástico autoadherible o papel aluminio y refrigere durante 36 horas; enjuáguela con agua tibia, póngala en una cazuela y reserve.

Desvene los chiles, áselos en un comal, remójelos en una taza de agua caliente hasta que estén suaves y licúelos con el resto de los ingredientes y el agua de remojo.

TACOS DE FALDA

INGREDIENTES

½ kilo de falda de res

4 dientes de ajo molidos

3 cucharadas de cebolla picada finamente

4 chiles poblanos asados, desvenados, sin piel y cortados
en rajas

3 jitomates asados, pelados y
picados

1 taza de consomé de pollo

¾ de taza de manteca de
puerco (se reservan tres cucharadas para freír los tacos)

Sal y pimienta al gusto

Tortillas de harina

PREPARACIÓN

Corte la falda de res en tiras delgadas. Después ún-
telas con el ajo y la sal, dejándolas macerar durante
dos horas; se asan y cuando entibian deshébrelas.
Fría la cebolla en la manteca caliente, en seguida agregue las rajas y los jitomates, deje sazonar;
agregue la carne y el consomé, manténgalo sobre el
fuego hasta que se consuma el líquido, salpimiente.

Ponga una porción del guisado en cada tortilla y en-
róllela. En una sartén, caliente la manteca restante y
dore ligeramente los tacos por ambos lados. Elimine
el exceso de grasa y sírvalos bien calientitos.

TACOS DE LENGUA

INGREDIENTES

1 lengua
1 cabeza de ajo entera
1 cebolla partida en cuartos
Unas ramitas de hierbabuena
Tortillas de maíz

Salsa
1 kilo de tomatillo verde
100 gramos de chile de árbol
o serrano
Cilantro y cebolla bien picaditos
Limones partidos

PREPARACIÓN

Ponga a cocer durante una hora la carne con el ajo,
la cebolla y la hierbabuena en la olla de presión. Se
retira del fuego y se pica en cuadritos pequeños.

Salsa
En una sartén se cuece el tomatillo y el chile serrano
con un poco de agua y se licuan, se agrega la sal.

Se enrollan los tacos, acompáñelos con la salsa, el
cilantro, la cebolla, y los limones para rociarles unas
gotitas a su gusto.

TACOS TABASCO DE CARNE CRUDA

INGREDIENTES

½ kilo de carne de res molida

25 limones (jugo)

1 cebolla grande, finamente picada

2 dientes de ajo, finamente picados

Cilantro, finamente picado

Chile serrano o habanero, finamente picado (opcional)

Tortillas de maíz

PREPARACIÓN

Remoje la carne en el jugo de limón hasta que se ponga blanca, que es cuando ya se coció (aproximadamente tres horas).

Agregue la cebolla, el ajo y el cilantro. Sirva a manera de tacos.

TACOS DEL MERCADO DE VERACRUZ

INGREDIENTES

2 litros de agua
1 kilo de falda de res
1 cebolla de rabo grande
½ cabeza de ajo mediana, pelada
4 hojas de laurel fresco
2 ramitas de mejorana
Tortillas de maíz

SALSA
¾ de taza de aceite
3 jitomates grandes, maduros, asados y sin piel
1 ½ cebollas medianas, finamente picadas
5 dientes de ajo medianos, pelados y finamente picados
4 chiles jalapeños, cortados en rajitas delgaditas
4 chiles poblanos asados, desvenados, sin piel y cortados en rajitas
1 cucharada de orégano fresco
Sal al gusto
2 papas cocidas, cortadas en cuadritos
24 hojas de pápalo
4 aguacates en rebanadas

PREPARACIÓN

En una olla de presión ponga el agua para cocer la carne, la cebolla, el ajo, la sal y las hierbas de olor y déjelo cocinar durante cuarenta y cinco minutos aproximadamente, comprobando que quede suave. Se deja en el caldo hasta que se enfríe, en seguida deshébrela.

Salsa
Caliente el aceite en una sartén y fría la cebolla y el ajo, en seguida agregue el jitomate martajado en el molcajete, se retira del fuego al primer hervor. Incorpore los chiles jalapeños, los poblanos, la carne deshebrada y las papas; sazone con el orégano y la sal. Sirva este guisado en una cazuela y colóquela en el centro de la mesa, acompañado por las tortillas recién hechas. Se hacen los tacos con el guisado calientito, el aguacate y el pápalo, el cual le da un sabor muy especial.

TACOS AL ALBAÑIL

INGREDIENTES

4 huevos ligeramente batidos

250 gramos de fajitas de res

½ cucharada de jugo de limón

2 chiles verdes picados

1 diente de ajo picado

¼ de cebolla picada

1 papa cortada en cubos

2 cucharadas de cilantro picado

Aceite vegetal

Sal al gusto

Tortillas de maíz

PREPARACIÓN

En un tazón con el limón, el chile, el ajo, una cucharadita de aceite y sal, revuelva; agregue la carne, cubra con plástico y refrigere treinta minutos. Escurra la carne, sofríala en aceite y cuando cambie de color, integre la cebolla y la papa; cocine hasta que esté suave.

Mezcle los huevos con el cilantro y la sal; vierta sobre la carne, revuelva y cocine hasta que esté cocida. Retire del fuego, reparta el guiso entre las tortillas calientes y forme los tacos.

Acompañe con salsa picante, la que desee.

MOCHOMOS

INGREDIENTES

1 kilo de carne de res, de
preferencia aguayón o empuje,
cortado en cuadros de 2 por 2
centímetros aproximadamente

2 cebollas de rabo

4 dientes de ajo pelados

1 cucharadita de sal

1 hoja de laurel

2 ramitas de orégano fresco

4 cucharadas de aceite o
manteca

3 cucharadas de cebolla picada finamente

Tortillas de harina

PREPARACIÓN

La carne se cuece en agua con las cebollas enteras, ajos, sal, laurel y orégano. Cuando está cocida
se aparta del fuego, dejándola enfriar en su mismo
caldo.

Se retiran las hierbas del líquido, se escurre: posteriormente se muele la carne con los ajos y las cebollas en el molcajete. Otra opción es deshebrarla
finamente.

En el aceite se dora la cebolla hasta que quede
transparente y suave. Se añade la carne y se deja
sobre el fuego para que quede crujiente.

Se rellenan las tortillas y se sirven muy calientes
con una salsa picante, de preferencia elaborada con
base en chile habanero.

TACOS DE ARRACHERA A LA PARRILLA

INGREDIENTES

6 piezas de arracheras

Sal y pimienta al gusto

6 piezas de chorizo

30 cebollitas cambray

500 gramos de queso manchego rallado

Guacamole

Limones partidos en mitades

Tortillas de maíz

PREPARACIÓN

Ase las arracheras de preferencia en un comal, sal-pimiéntelas, retírelas del fuego y tápelas para evitar que se resequen. Siga el mismo procedimiento con el chorizo y las cebollitas. Coloque el queso en una cazuela de barro e introdúzcala en el horno para que se gratine; corte la carne en tiras pequeñas y preséntela con el chorizo, las cebollitas, el queso, para hacer los tacos con las tortillas bien calientitas, acompañadas del guacamole y los limones.

TACOS DE SALPICÓN

INGREDIENTES

1 kilo de maciza de res

1½ cebollas

2 dientes de ajo

2 limones (jugo)

Sal al gusto

Pimienta al gusto

Cilantro al gusto

Tortillas de maíz

PREPARACIÓN

Cueza la carne con media cebolla y los dientes de ajo. Una vez cocida la carne, píquela con un cuchillo o muélala finamente con un molino. Pique la cebolla restante y mezcle con la carne. Agregue el jugo de limón, sal, pimienta y cilantro finamente picado. Haga los tacos con tortillas calientes y sirva de inmediato.

TACOS DE SALPICÓN DE RES

INGREDIENTES

350 gramos de falda de res

1 ½ cebollas

1 diente de ajo

1 taza de lechuga picada y
desinfectada

2 jitomates picados

4 cucharadas de vinagre

2 cucharadas de aceite para
ensalada

1 aguacate

1 cucharada de cilantro picado

Rajas de chiles jalapeños en
vinagre

100 gramos de queso desmoronado

Sal y pimienta, la necesaria

Tortillas de maíz

PREPARACIÓN

Cueza la carne en agua con media cebolla, ajo, sal y
pimienta. Cuando esté suave escúrrala y deshébrela.

Pique media cebolla, mezcle la cebolla rebanada con
la carne deshebrada.

Para hacer la vinagreta, bata vigorosamente el vinagre con dos cucharadas de caldo frío, aceite, sal y
pimienta; revuelva con la carne deshebrada, jitomate y cilantro picados. Ponga el aguacate rebanado
y rajas, rocíe con queso. Listo para servirse en las
tortillas y hacer un delicioso taco.

TACOS DE SUADERO

INGREDIENTES

1 kilo de suadero

½ cebolla picadita

Sal al gusto

Aceite para freír

Salsa verde o roja, según se prefiera

Cebolla y cilantro picados

Pepinos y rábanos en rebanadas delgadas

Se recomienda utilizar tortillas pequeñas, ya que con frecuencia se acostumbra poner dos y hasta tres en cada taco

PREPARACIÓN

Se pone a cocer el suadero en la olla de presión con suficiente agua, cebolla y sal, aproximadamente durante 45 minutos; debe quedar suave al tacto. Retírelo del fuego y escúrralo

En un sartén caliente con suficiente aceite, agregue la carne y fríala hasta que tome un color ligeramente dorado. Quítele el exceso de aceite. Córtela en trocitos pequeños. En un comal, caliente las tortillas y prepare los tacos.

Se acompañan de la salsa, además del cilantro, la cebolla, los rabanitos y si desea otro toque de color, sugiero adornar el plato también con unas frescas rebanadas de pepinos.

Nota: es muy importante que al servir los tacos se tenga un particular cuidado en que estén a la temperatura adecuada, pues tiene mucha grasa y si se presentan fríos, tendrán un aspecto y un sabor desagradables.

TACOS DE CABEZA

INGREDIENTES

1 ½ kilo de carne de cabeza o
cachete de res
12 pimientas negras enteras
6 dientes de ajo
3 hojas de laurel
1 cebolla a la mitad
Salsa picante de tu preferencia
Aceite vegetal
Sal al gusto
Tortillas de maíz

PREPARACIÓN

Cueza la carne en agua con las pimientas, el ajo, el laurel, la cebolla y sal. Escurra la carne, píquela y fríala en una sartén con aceite; cuando dore, retire del fuego.

Caliente las tortillas, reparta la carne y sirva con salsa.

TACOS DE MACHITOS

INGREDIENTES

4 machitos de res
½ cebolla
4 hojas de laurel
1 diente de ajo
Aceite vegetal
Sal al gusto
Tortillas de maíz

PREPARACIÓN

Cocine los machitos con la cebolla, las hojas de laurel, el ajo y la sal en agua suficiente, a fuego medio hasta que estén suaves; escúrralos y córtelos a la mitad, a lo largo. Fríalos en una sartén con aceite hasta que estén dorados por ambos lados; escúrralos y retírelos.

Píquelos y repártalos entre las tortillas y acompañe con limón y salsa picante.

TACOS DE TRIPA

INGREDIENTES

1 kilo de tripas de res lavadas
1 cebolla
3 ramas de cilantro
Aceite vegetal
Tortillas de maíz

PREPARACIÓN

Cocine las tripas en agua suficiente con la cebolla y el cilantro a fuego medio hasta que estén cocidas. Escúrralas y píquelas finamente, fríalas en una sartén con aceite caliente hasta que estén doradas.

Reparta las tripas entre las tortillas y sirva con limón, salsa y cebolla picada.

TACOS DE CARNE DE CERDO

TACOS AL PASTOR

INGREDIENTES

1 kilo de lomo de cerdo

1 taza de vinagre de piña

10 chiles guajillos desvenados, asados y hervidos en agua caliente

5 chiles anchos desvenados, asados, y hervidos en agua caliente

3 dientes de ajo pelados

1 cebolla mediana partida

1 jitomate asado y sin piel

½ taza de jugo de piña

4 rebanadas de piña fresca

1 cebolla finamente picada

Cilantro finamente picado

Piña finamente picada

Tortilla de maíz

PREPARACIÓN

La carne se pone a macerar en vinagre durante dos horas. Los chiles se licuan con su agua de remojo, el ajo, la cebolla, el jitomate, el jugo y dos rebanadas de piña. Se cuela y se baña la carne con esta salsa. Se hornea a 200° C. y se deja aproximadamente 45 minutos, hasta que quede suave. Se añade el resto de la piña picada y se vuelve a introducir al horno, dejándola hasta que la salsa espese. De inmediato se hacen los clásicos taquitos, adicionándoles la cebolla, el cilantro y la piña.

Variante
Funda el queso manchego y póngalo dentro del taco. Estos tacos llevan por nombre gringas.

TACOS DE COCHINITA

INGREDIENTES

300 gramos de lomo de cerdo
cocido y deshebrado
1 cebolla picada
3 jitomates picados
Sal al gusto
Aceite vegetal
Tortillas de maíz

PREPARACIÓN

En un sartén sofría la cebolla hasta que esté transparente. Agregue el jitomate y la carne, revuelva y cocine hasta que el primero cambie de color, sazone con sal; retire y reserve.

En una sartén con aceite, fría las tortillas hasta que doren un poco y colóquelas en un platón.

Reparta la cochinita entre las tortillas, enróllelas y sirva con aros de cebolla.

TACOS DE CHILORIO

INGREDIENTES

1 kilo de lomo de cerdo con grasa cortada en cuadritos

1 cucharadita de sal

1 taza de jugo de naranja

6 chiles anchos desvenados y sin semillas

½ taza de cebolla en trozos

5 dientes de ajo pelados

½ cucharadita de orégano

½ cucharadita de comino molido

1 cucharadita de pimienta negra recién molida

1 pizca de azúcar

¼ de taza de agua

¼ de taza de vinagre

1 cucharada de aceite o manteca de puerco

Tortillas de harina

PREPARACIÓN

Caliente en una cacerola el agua, agregue la sal y el jugo de naranja. Cuando suelte el primer hervor añada la carne, la cual debe quedar totalmente cubierta por el líquido. Déjela cocinar sobre el fuego suave, hasta que casi se consuma el caldo (aparte una taza).

Mientras tanto, fría los chiles y remójelos en agua caliente por espacio de media hora o hasta que se suavicen, escúrralos, licúelos con el resto de todas las especias (a excepción del aceite o manteca), y el caldo en donde se coció la carne. Deshébrela finamente, fríala en la manteca y por último agregue la pasta que se obtuvo de los chiles, se deja sazonar durante quince minutos, moviendo constantemente para que no se pegue. Mantenga caliente el guisado para rellenar las tortillas y hacer los taquitos.

TACOS DORADOS DE AGUASCALIENTES

INGREDIENTES

300 gramos de manteca
350 gramos de lomo de cerdo picado
350 gramos de aguayón picado
350 gramos de jitomate
300 gramos de papas
5 chiles verdes
75 gramos de alcaparras
75 gramos de aceitunas
75 gramos de pasas

SALSA

500 gramos de jitomate 1 rama de perejil
1 taza de caldo
1 clavo
1 raja de canela
½ cucharada de orégano
5 cebollas
1 col grande
2 limones
Aceite, vinagre, sal y pimienta
Tortillas de maíz

PREPARACIÓN

Fría en 50 gramos de manteca dos cebollas picadas y agregue los chiles asados, desvenados y cortados en rajitas muy finas y las carnes; bien frito ya, se pone el jitomate asado, molido y colado, las papas cocidas y cortadas en cuadritos, las pasas, aceitunas y alcaparras, una cucharada de azúcar, una raja de canela, una cucharada de vinagre, el perejil picado, sal y pimienta, con esto rellene las tortillas y para hacer los taquitos, se doran en manteca, se ponen tres en cada plato y se les agrega un poco de salsa y de col preparada.

Salsa

Los jitomates se ponen a cocer en el caldo, ya cocidos se muelen con el caldo donde se cocieron, con las especias. Se les agregan tres cebollas finamente picadas y una cucharada de vinagre. La col se prepara de la siguiente manera: se lava muy bien, se rebana finamente y se pone 12 horas en agua y cubriendo con el jugo de limón, pasado ese tiempo se escurre bien, se sazona con sal, pimienta, un poco de aceite y vinagre.

TACOS DE FRIJOLES CON CHORIZO

INGREDIENTES

1 taza de frijoles bayos o peruanos cocidos

1 taza de aceite vegetal o de oliva para freír

1 chorizo rojo desmenuzado

Tortillas de maíz

PREPARACIÓN

Fría los frijoles en el aceite bien caliente hasta que se forme una pasta espesa, se aplanan y revuelven constantemente hasta lograr una textura suave y aterciopelada. Cuando alcancen ese punto, vacíelos al sartén donde se frió el chorizo con antelación, y se deja sazonar por unos minutos. Ponga una ración de este guisado en medio de las tortillas de maíz y enróllelas.

TACOS DE SILAO

INGREDIENTES

4 chorizos

160 gramos de queso fresco

1 chile serrano

5 chiles chipotles en vinagre

3 aguacates

3 cebollas

¼ de kilo de tomates verdes

2 dientes de ajo

1 lechuga

2 ramitas de cilantro

Manteca y sal al gusto

Tortillas de maíz

PREPARACIÓN

Fría los chorizos y retire de la manteca; se fríen en la misma manteca dos cebollas finamente picadas, en la manteca que queda se fríen ligeramente las tortillas, y a cada una de ellas se le pone una rebanada de queso, una de aguacate, un chipotle sin semillas, un poco de chorizo, cebolla frita y salsa de tomate. Enrolle las tortillas y coloque en un platón; cubiertas con cilantro picado y adornadas con hojas de lechuga.

La salsa se hace moliendo los tomates con una cebolla y el ajo, y friendo todo añadir una cucharada de manteca, dejándolo al fuego para que espese.

TACOS DE CARNE DE CERDO

INGREDIENTES

½ kilo de carne de cerdo picada en pequeños trocitos

2 cucharadas de cebolla picada

2 jitomates grandes asados y picados

2 chiles poblanos asados, desvenados y cortados en rajitas

Aceite

Sal y pimienta

Tortillas de maíz

PREPARACIÓN

En una sartén caliente el aceite y fría la carne, cuando empiece a dorarse añada la cebolla, el jitomate las rajas y salpimiente. Debe quedar cocida, cuidando de su suavidad y que no se reseque. Con esta preparación se rellenan las tortillas y se forman los tacos, para servirse bien calientitos.

TACOS DE CHULETA ENCEBOLLADA

INGREDIENTES

4 chuletas de cerdo cortadas en trocitos

1 cebolla rebanada

2 chiles manzanos desvenados y cortados en tiritas

2 tazas de frijoles refritos

Aceite vegetal

Sal y pimienta al gusto

Tortillas de maíz

PREPARACIÓN

Sazone la carne con sal y pimienta y fríala con aceite hasta que esté cocida, retírela. Acitrone la cebolla, agregue el chile; cuando esté suave, integre la carne y revuelva; reserve.

Unte las tortillas con los frijoles y encima ponga la carne encebollada, forme los tacos y sirva.

TACOS DE CARNITAS

INGREDIENTES

1 kilo de carne de puerco
combinada de maciza y costilla
cortada en trocitos
3 tazas de jugo de naranja
2 cucharaditas de sal
1 ramo grande de hierbas de
olor (opcional)
Cilantro picadito
Cebolla picadita
Limones partidos
Tortillas de maíz

PREPARACIÓN

Se cubre la carne con el jugo de naranja y la sal,
se pone al fuego hasta que suelte el hervor y se
evapore el líquido, moviendo constantemente
y cuidando que quede bien dorada. Se rellenan las
tortillas, aderezándolas con alguna de nuestras innumerables y deliciosas salsas, con su infaltable cilantro
y cebolla, y unas gotitas de limón, si se desea.

TACOS DE COCHINITA PIBIL

INGREDIENTES

1 lechón tierno
2 naranjas agrias, 1 naranja y
1 toronja
6 paquetes de achiote o el
equivalente de chiles anchos
4 dientes de ajo mediano,
asados y molidos
½ cucharada de orégano seco
Sal y pimienta al gusto
Tortillas de maíz

Cebolla encurtida
2 cebollas moradas en rebanadas delgadas
1 ½ tazas de vinagre
2 chiles habaneros, asados,
finamente picados
6 pimientas gordas enteras
½ cucharadita de pimienta
negra entera
¾ de cucharadita de orégano
seco y molido
3 ramas frescas de mejorana
5 hojas de laurel
2 cucharadas de aceite de
oliva

PREPARACIÓN

Se limpia el lechón y se abre en canal. En un recipiente se mezclan el jugo de las naranjas, con el
achiote, el orégano, el ajo, la sal y la pimienta. Con
esta salsa se baña el lechón por fuera y por dentro,
envolviéndolo con hojas de plátano y acomodado
en un molde hondo. Se hornea a temperatura alta,
aproximadamente dos horas, o hasta que quede
cocido y dorado. Se desmenuza y se conserva en el
caldo. Entonces se sirve una porción de este guisado en cada tortilla, acompañados con cebollas
encurtidas y chiles habaneros.

Cebolla encurtida
Desfleme las cebollas en agua caliente, escúrralas,
páselas a un recipiente de cristal, añada la sal e
incorpore el vinagre, y consecutivamente los chiles
habaneros, las pimientas gordas y la pimienta negra,
el orégano, la mejorana, el laurel y el aceite de oliva.
Déjelas macerar durante una hora.

TACOS DE CHICHARRÓN AL ESTILO DE HIDALGO

INGREDIENTES

Aceite vegetal o manteca de puerco

100 gramos de chicharrón en pedacitos

25 gramos de chile cascabel desvenado y sin semillas

250 gramos de jitomate asado

1 diente de ajo asado

1 lechuga picada

Sal al gusto

2 jitomates rebanados

2 huevos cocidos y picados

100 gramos de queso añejo rallado

PREPARACIÓN

En una sartén se calienta el aceite y se fríe el ajo, el chile y luego el jitomate, sazonándolos con sal. Se deja sobre el fuego durante algunos minutos y enseguida se le añade el chicharrón. Las tortillas se fríen ligeramente y se doblan por la mitad, se escurren y se rellenan con el guisado, acompañando los tacos con lechuga, jitomate, huevo y por último se espolvorea el queso.

TACOS DE CHICHARRÓN PRENSADO

INGREDIENTES

250 gramos de chicharrón
prensado
½ cucharada de aceite
1 taza de salsa de chile guajillo
Tortillas de maíz

PREPARACIÓN

Machaque el chicharrón hasta hacerlo polvo y luego fríalo en la cacerola con aceite caliente. Agregue la salsa de chile guajillo y déjela espesar para que alcance una consistencia ni caldosa pero tampoco reseca. Haga los tacos y sírvalos.

TACOS DE CHORIZO

INGREDIENTES

2 cebollas picadas finamente

250 gramos de queso fresco rallado

2 tazas de frljol negro, cocido y molido

2 piezas de chorizo desmenuzado

Manteca de puerco

Sal al gusto

Tortillas de maíz

PREPARACIÓN

En manteca caliente se acitrona la cebolla, se agrega el chorizo, y una vez dorado, se le incorpora el frijol molido; se sazona y deja hervir, moviéndolo para que no se pegue. Por separado se fríen las tortillas sin dejar que se endurezcan, se escurren, remojan en el frijol y se rellenan con el chorizo, haciendo taquitos y espolvoreándolos con queso rallado.

TACOS ENVUELTOS AL ESTILO POBLANO

INGREDIENTES

250 gramos de carne maciza de puerco
1 cebolla
1 taza del caldo donde se coció la carne
150 gramos de manteca
1 plátano macho cortado en cuadritos
125 gramos de jitomate asado, molido y colado
2 cucharadas de perejil fresco
50 gramos de almendras
25 gramos de pasitas
Una pizca de clavo de olor
150 gramos de mole poblano
Sal y pimienta, la necesaria
Tortillas de maíz
Cebolla rebanada para adornar
25 gramos de ajonjolí

PREPARACIÓN

La carne se pone a cocer con agua agregándole la cebolla y cuando esté suave se retira del fuego y se pica finamente, reservando una taza de ese caldo. Se calientan 50 gramos de manteca en una cazuela para freír la cebolla, y cuando se haga transparente agregue el plátano macho dejándolo sancochar; enseguida se añade el jitomate, el perejil, las almendras, las pasitas, dejando freír todo por espacio de cinco minutos. Después se incorpora la carne molida y los clavos; se salpimenta y sazona hasta que se consuma totalmente el caldo. En la misma cantidad de manteca se fríe el mole, disuelto en el caldo que se separó para este fin y cuando espese agregue el jitomate. Déjelo hervir por unos minutos hasta que espese, añadiendo la sal a su gusto y manteniéndolo por unos minutos más a fuego muy suave.

Las tortillas se pasan en la manteca que resta aún caliente, evitando que se endurezcan, enseguida se introducen en el mole y se rellenan con la preparación que se hizo al principio, acomodándolas en un platón y acompañadas con la cebolla y el ajonjolí espolvoreado, que se doró previamente en el horno.

TACOS DE LONGANIZA

INGREDIENTES

1 cucharada de aceite vegetal
o de oliva

2 chiles moritas

10 tomates grandes

¼ de cebolla picada

1 diente de ajo

Sal, al gusto

½ kilo de longaniza

⅓ de aceite vegetal o de oliva

Cilantro y cebolla bien picaditos

Tortillas de maíz

PREPARACIÓN

En una sartén pequeña vierta media cucharada de aceite y se calienta, fría los chiles ligeramente, cuide el punto pues al tostarse se pueden amargar. Se retira del fuego. Aparte se hierven los tomates con agua, añadiendo los chiles; cuando están cocidos y suaves, licúelos con la cebolla y el ajo.

Se calienta en otra sartén la media cucharada de aceite restante y se vierte ahí la salsa, dejándola sazonar por unos minutos a fuego alto y después se baja la flama. Agregue la sal y deje dar un hervor más.

La longaniza se corta en trocitos aproximadamente de cinco centímetros de largo. En una sartén caliente el aceite y fría todo por espacio de 10 a 15 minutos, o hasta que se dore ligeramente. Escurra el exceso de grasa, añádala a la salsa. Permita que hiervan todos los ingredientes durante cinco minutos. Sirva este guiso caliente para que cada quien se prepare los tacos a su gusto. No olvide tener en unos platitos bien dispuestos el cilantro y la cebolla.

TACOS MORELENSES

INGREDIENTES

200 gramos de lomo de cerdo

3 dientes de ajo

1 cebolla mediana

Sal y pimienta al gusto

1 taza de aceite vegetal o de oliva

1 taza de jitomate asado, pelado, molido y colado

3 huevos

50 gramos de manteca

2 dientes de ajo molido

1 cucharada de harina

½ taza de leche

½ taza del caldo en el que se coció la carne

½ cucharadita de orégano triturado

1 pizca de pimienta negra recién molida

1 taza de crema de leche

Tortillas de maíz

150 gramos de queso fresco rallado

Lechuga finamente rebanada y rabanos cortados en forma de flor para adornar

PREPARACIÓN

Se cuece el lomo de cerdo con suficiente agua a la que se le agrega ajos, cebolla y sal. Se deja reducir el caldo hasta obtener solamente media taza del remanente. Resérvelo.

Se fríe en dos cucharadas de aceite la mitad del jitomate, la mitad de la cebolla, los huevos y el lomo deshebrado, se salpimienta.

Se fríen en la manteca el ajo molido, la otra mitad de cebolla a la vez que la harina sin dejarla dorar, agregando el resto del jitomate, la leche, media taza de caldo en donde se coció la carne, orégano y pimienta; se hierve hasta que espese. Se retira del fuego y se agrega la crema.

Se fríen ligeramente las tortillas en suficiente aceite y se rellenan con la mezcla que se preparó inicialmente. Se enrollan en forma de taco y se acomodan en un platón refractario.

Se bañan con la salsa previamente elaborada y se espolvorean con el queso rallado. Se hornean durante 20 minutos a 250° C, y cinco minutos más en el grill para que se doren por encima, lo cual les brinda una bonita apariencia.

Al servirse se adornan con lechuga finamente rebanada y flores de rabanito.

TACOS DE PAPA Y CHORIZO

INGREDIENTES

3 papas grandes

2 chorizos tipo norteño o español (el de su preferencia)

Aceite para freír

Tortillas de maíz

PREPARACIÓN

Se cuecen las papas, se pelan y aplanan. Después se fríe el chorizo hasta que dore, se escurre y pone en una servilleta de papel para retirar el exceso de grasa. Se mezclan el chorizo con las papas machacadas.

Posteriormente se rellenan las tortillas con esta preparación.

Por último, para servirlos se acompañan con chiles serranos en escabeche o una de las tentadoras salsas mexicanas.

TACOS POTOSINOS

INGREDIENTES

750 gramos de papas cocidas y cortadas en rombos
750 gramos de zanahoria cocida y cortada en cuadritos
500 gramos de ejote cocido y rebanado en forma sesgada
3 chorizos desmenuzados y fritos
250 gramos de queso saltierra
1 frasco de chiles largos en vinagre
1 frasco grande de cebollitas en vinagre
2 lechugas
14 patitas de puerco en vinagre
2 cebollas finamente picaditas
200 gramos de manteca de puerco
Vinagre de manzana
Tortillas de maíz

SALSA DE CHILE COLORADO
6 chiles anchos secos
2 dientes de ajo

SALSA DE JITOMATE
500 gramos de jitomate asado, pelado y molido
1 cebolla finamente picada
2 dientes de ajo

PREPARACIÓN

Los chiles anchos se desvenan, se remojan en agua y se calientan 20 minutos. Se muelen con los dientes de ajo y por ultimo se agrega la sal; los jitomates se muelen con la cebolla y el ajo; las tortillas se introducen en la salsa de chile colorado, luego en la de jitomate y se fríen por los dos lados en la manteca, se rellenan con el queso rallado, que se mezcla previamente con la cebolla. Se enrollan y en cada plato se colocan cuatro taquitos, dos arriba y dos abajo; con un poco de las verduras cocidas y ligeramente sancochadas, chorizo frito y tiras de queso por encima; a un lado de los taquitos se ponen dos manitas de puerco y unas cebollitas en vinagre; del otro lado unos chiles largos. Se adorna con hojas de lechuga.

TACOS DE RELLENA, AL ESTILO DEL D.F.

INGREDIENTES

250 gramos de rellena

50 gramos de queso fresco

400 gramos de tomates verdes

1 cebolla mediana finamente picada

2 dientes de ajo picaditos

2 chiles serranos

1 lechuga

1 ramita de cilantro

Manteca

Sal al gusto

Tortillas de maíz

PREPARACIÓN

A la rellena se le quita la piel y se fríe con la cebolla, el ajo y el cilantro, sazonándola con un poco de sal; se deja al fuego hasta que espese. Se fríen entonces las tortillas, procurando que no se doren; se les pone el relleno y se enrollan; se colocan en un platón y se espolvorean con queso rallado, adornándolas con hojas de lechuga.

TACOS SUDADOS

INGREDIENTES

½ kilo de maciza de puerco

½ tortilla seca

5 chiles anchos secos

2 chiles pasilla secos

½ cebolla

1 diente de ajo

3 cucharadas soperas de
cacahuates tostados

Aceite para freír

Sal y pimienta

Tortillas de maíz

PREPARACIÓN

Cueza la carne y escúrrala, guarde el caldo y des-hébrela. Desvene los chiles, tuéstelos y remójelos durante 30 minutos en agua caliente. Fría la tortilla.

Licue los chiles con la cebolla, el ajo, la tortilla, los cacahuates pelados y salpimiente. Fría esta mixtura hasta que sazone. Agregue un poco de caldo y en seguida la carne. Hiérvalo a fuego muy bajo hasta que espese.

Rellene las tortillas con la carne, dóblelas a la mitad y acomódelas en una vaporera tapada para que suden los tacos. (Se puede sustituir este utensilio con la envoltura de alguna tela de algodón y colocados en una canasta de mimbre.)

TACOS DE CARNERO

RICOS TACOS
DE MIXIOTE
ESTILO HIDALGO

TACOS DE BARBACOA

INGREDIENTES

½ kilo de barbacoa

¼ de kilo de jitomate asado,
sin piel y picados finamente

4 aguacates grandes de la
variedad que prefiera

2 dientes de ajo

1 cebolla mediana picada
finamente

8 chiles verdes picaditos

Manteca, la necesaria

Tortillas de maíz

PREPARACIÓN

Se deshebra la barbacoa, se le pica el jitomate y un poco de cebolla. Todo esto se revuelve y se enrollan los tacos de manera tradicional. Se fríen después y se bañan con guacamole.

Guacamole
Se muele el ajo con los chiles verdes asados, el cilantro y los aguacates pelados, cebolla picada y unas gotitas de limón, se enriquece agregándole un poco de aceite de oliva, y si se le quiere dar un toque de elegancia pueden agregarse unos granitos de granada y un poco de requesón espolvoreado.

TACOS PLACEROS DE HIDALGO

INGREDIENTES

¼ de kilo de nopales tiernitos, cocidos y muy bien cortaditos

2 cebollas finamente picadas

3 jitomates sumergidos en agua caliente por unos minutos para facilitar el desprendimiento de la piel

1 rama de cilantro picado

6 chiles verdes, ya sean serranos, jalapeños o si se prefiere más picosito, pues de árbol

½ kilo de barbacoa

4 aguacates de la variedad que usted prefiera, rebanados en finos gajitos

Tortillas de maíz

PREPARACIÓN

Los nopales se incorporan a la barbacoa deshebrada, las cebollas, jitomates, chiles y aguacates. Con esta preparación se rellenan las tortillas y se hacen los tacos, a los que se agrega el cilantro.

TACOS DE PESCADOS Y MARISCOS

TACOS DE PESCADO

INGREDIENTES

1 ¼ kilo de pescado, la variedad que usted prefiera (tronco, extraviado, rubia, pargo, huachinango o róbalo) pero eso si, bien lavado y seco, abierto en canal y extrayéndole la espina central

½ taza de jugo de limón

Sal al gusto

¼ de taza de aceite de oliva

$^1/_3$ de cebolla finamente picada

½ cucharadita de orégano seco, triturado con un tenedor o aparatos especiales para hacer estos procedimientos

Tortilla de maíz

ADOBO

8 chiles guajillos grandes, limpios, abiertos, asados por ambos lados sin quemar para evitar que amarguen

Aceite de oliva al gusto

6 chiles de árbol, limpios, ligeramente fritos y lavados

6 chiles costeños, limpios, ligeramente fritos y lavados

6 dientes de ajos medianos, pelados

1 cebolla mediana cortada

1 ½ tazas de agua

Sal al gusto

PREPARACIÓN

Se precalienta el horno a 350° C durante una hora y media.

Mientras tanto, en un platón refractario coloque el pescado lavado, seco y abierto con la piel colocada hacia la parte de abajo. Se baña con el jugo de limón y se agrega la pizca de sal. Se deja macerar a una temperatura ambiente y después se refrigera por unas horas.

En una charola ponga el pescado y báñelo con parte del adobo. Se hornea durante 25 minutos o hasta que la carne se desprenda con facilidad. Retírelo del horno y déjelo enfriar; en seguida se procede a desmenuzarlo. En una sartén ponga a calentar el aceite de oliva, ahí se acitrona la cebolla y se añade el orégano. Agregue el pescado desmenuzado con el resto del adobo y déjelo un poco más hasta lograr el punto exacto de la textura de la salsa.

Adobo

En el sartén a fuego mediano ase los chiles guajillo. Remoje todos los chiles en agua para que se ablanden. En otra sartén caliente un poco de aceite y fría los chiles de árbol y los costeños. Se ponen a remojar durante 25 minutos. En una licuadora muela todos los chiles con los ajos, la cebolla, el orégano, el aceite de oliva, la sal y el agua. Cuele esta salsa.

Prepare los taquitos y adorne con cebolla desflemada y aguacate. Sírvalos de inmediato.

TACOS DE CAMARÓN

INGREDIENTES

2 cucharadas de mantequilla

2 cucharadas de aceite de oliva

4 dientes de ajo

1 cucharada de paprika

300 gramos de camarón pacotilla

Limón partido en mitades

Tortillas de maíz

Aguacate al gusto

Salsa roja o verde

PREPARACIÓN

En una sartén caliente la mantequilla con el aceite de oliva. Cuando esté caliente agregue los dientes de ajo finamente picados y deje que doren. Añada la paprika y deje que se fría unos segunditos.

Agregue los camarones; si son demasiado grandes, se cortan previamente en trocitos. Deje que se frían en esta mantequilla hasta que tomen color y estén bien calientes.

Justo antes de servirlos caliente las tortillas, rellénelas con el camarón. Acompañe con aguacate, limón y salsa.

TACOS DE CAMARÓN SECO

(Receta de Lupe Marín)

INGREDIENTES

200 gramos de jitomates

250 gramos de tomatillos
de milpa

2 chiles anchos

4 chiles de árbol

1 cebolla

100 gramos de camarón seco,
pulverizado

1 cucharada de azúcar

2 docenas de tortillas de maíz

Manteca de cerdo

200 gramos de queso panela

200 gramos de queso cotija

Hojas de cilantro

Tortillas de maíz

PREPARACIÓN

Para la salsa se hierven los jitomates, los tomatillos y los chiles anchos. Después estos ingredientes se muelen muy bien, con los chiles de árbol, tostados en el comal. Pique muy finamente toda la cebolla, fría la mitad de ella y antes de que dore se revuelve con la preparación de la salsa, que desde antes debe estar preparada. El polvo de camarón se cierne con una coladera fina y se incorpora a la salsa; si ésta quedara espesa, puede adelgazarse con un poquito de agua. Se sazona con el azúcar, para evitar el sabor ácido. En operación aparte, se fríen las tortillas en la manteca, se pasan por la salsa, se rellenan con tiras de queso panela y doblan en tacos para servirlos de inmediato, espolvoreándolos con el queso cotija rallado y el resto de la cebolla, además adórnelos con las hojitas de cilantro.

TACOS DE QUESO DE CABRA CON CAMARONES

INGREDIENTES

150 gramos de camarones
pequeños, cocidos y pelados

1 kilo de jitomate

4 dientes de ajo

1 cebolla mediana

250 gramos de queso de
cabra

3 cucharadas de cilantro
picado

1 taza de aceite de oliva

Sal y pimienta al gusto

Tortillas de maíz

PREPARACIÓN

Ase los jitomates con el ajo y la cebolla. Después muela los tres ingredientes en la licuadora y cuele antes de freír la salsa en un poco de aceite; salpimiente y mantenga caliente. Fría las tortillas, una a una, en el resto del aceite, sin permitir que se endurezcan; rellene con el queso y el cilantro para disponer los tacos en un platón. Bañe con la salsa muy caliente y, por encima, a manera de adorno, distribuya los camarones y una hoja entera de cilantro.

Nota: En este platillo utilice queso de cabra tierno, cremoso; por tener este un gusto tan delicado prefiero no recurrir a algún picante que le reste sabor. Sin embargo, una cucharadita de curry puede ir muy bien con la salsa.

TACOS ESTILO NAYARIT

INGREDIENTES

1 kilo de camarones chicos,
pelados y sin cabeza

4 limones

2 dientes de ajo

1 taza de aceite

Sal y pimienta al gusto

1 col fileteada

Aceite de oliva, al gusto

Tortillas de maíz

SALSA

6 tomates

6 chiles serranos

3 cucharadas de cilantro
picado

1 ó 2 aguacates

PREPARACIÓN

Unte los camarones con suficiente limón, se salpimienta, distribuya en las tortillas, enrolle y reserve.

Caliente el aceite y sofría los ajos hasta que se quemen, retírelos; fría los tacos hasta que tengan un dorado parejo y colóquelos en papel absorbente.

Sirva los tacos, báñelos con la salsa de aguacate y acompáñelos con col con aceite de oliva y jugo de limón.

Salsa

Licue los tomates con los chiles y el cilantro; sin dejar de licuar, agregue el aguacate poco a poco y licue hasta obtener una salsa homogénea.

TACOS DE CAZÓN I

INGREDIENTES

1 kilo de cazón en trozo

1 limón

6 tazas de agua

5 dientes de ajo

2 cebollas

½ litro de aceite

6 chiles jalapeños

2 hojas de acuyo o hierba santa

Sal y pimienta

Palillos de madera

1 taza de salsa

1 lechuga romana

2 jitomates

Tortillas de maíz

PREPARACIÓN

Lave el pescado con agua y úntelo con el jugo de limón. Ponga a hervir el agua con dos dientes de ajo y media cebolla. Cuando rompa el hervor, agregue el pescado en trozos y déjelo cocinar a fuego suave por 15 minutos. Escúrralo, retire la piel, las espinas y desmenúcelo.

En cuatro cucharadas de aceite caliente, fría el ajo picado, la cebolla rebanada muy fina y los chiles desvenados y cortados en tiras. Cuando la cebolla esté transparente añada el pescado desmenuzado y las hojas de acuyo picadas. Se deja sazonar por 15 minutos. Luego, pase las tortillas por aceite caliente, rellénelas con el pescado y asegúrelas cerrándolas con palillos de madera.

En el resto del aceite, muy caliente, fría los tacos hasta que queden dorados, escúrralos sobre toallas de papel y quite los palillos antes de servir. Acompáñelos con salsa de jitomate mezclada con chile seco y ensalada de lechuga con jitomate.

TACOS DE CAZÓN II

INGREDIENTES

4 filetes de cazón

2 jitomates picados

1 cebolla picada

1 cucharada de salsa picante

1 taza de crema

100 gramos de queso panela
rebanado en tiras

Aceite vegetal

Sal y pimienta al gusto

Tortillas de maíz

PREPARACIÓN

En una sartén sofría el jitomate, la cebolla y la salsa.
Agregue el pescado, sazone y cocine hasta que esté
cocido.

Caliente las tortillas, rellénelas con pescado y enróllelas (si es necesario, atore con palillos).

Fría los tacos en aceite hasta que doren. Sirva bien
calientes con crema, queso y salsa.

TACOS DE MACHACA DE CAMARÓN Y DE PESCADO

INGREDIENTES

400 gramos de camarón cocido o 400 gramos de pescado (mero, sierra o cualquier pescado), cocido ligeramente y finamente picado
2 cucharaditas de orégano seco desmenuzado
4 cucharadas de aceite de maíz
1 cebolla chica finamente picada
1 chile poblano chico, despepitado y finamente picado
1 jitomate pequeño, pelado y finamente picado
Sal de ajo al gusto
Pimienta al gusto
Tortillas de maíz

PREPARACIÓN

Machaca de camarón
El camarón se aplana muy bien con un machacador de carne, luego se desmenuza perfectamente, se sofríe en el aceite caliente, se añade la sal de ajo, la pimienta, el orégano, la cebolla y el chile. Se sofríe hasta que la cebolla esté acitronada y se añade el jitomate, sazonando muy bien y se sirve.

Machaca de pescado
Se hace igual que la de camarón, pero sin aplanar el pescado con el machacador de carne.

TACOS DE MARLIN

INGREDIENTES

½ kilo de marlin

2 limones

½ kilo de tomate fresco

6 cebollitas verdes

Chiles al gusto

½ barra de mantequilla

Queso chihuahua rayado

Mayonesa fresca

Tortillas de harina o maíz

PREPARACIÓN

Desmenuce el marlin y añada el jugo de limón. Pele y pique el tomate finamente con la cebolla (con algo de verde) y el chile al gusto. Fría bien el marlin en mantequilla, añada la verdura. Sazone con sal. Unte las tortillas con mayonesa, ponga encima el marlin guisado, luego el queso encima y forme los taquitos. Sírvalos calientes.

TACOS DE PEJELAGARTO

INGREDIENTES

1 pejelagarto asado
½ kilo de tomate
½ kilo de cebolla
Limón o naranja agria, cilantro
y chile amashito al gusto
Tortillas de maíz

PREPARACIÓN

Se desmenuza la carne y se fríe con tomate, cebolla
y sal al gusto. Se procede a hacer los tacos.

Salsa
Se pican bien cebolla, cilantro y chile, se agrega jugo
de naranja agria o limón y sal al gusto.

Nota: Con este mismo guiso de pejelagarto se pueden hacer empanadas o garnachas, sirviéndose con
la misma salsa.

TACOS DE PESCADO AL PIBIL

INGREDIENTES

3 cucharadas de achiote

½ litro de jugo de naranja

3 cucharadas de vinagre

Sal y pimienta al gusto

12 filetes de pescado (el de tu elección)

5 chiles manzanos fileteados

1 cebolla morada fileteada

Jugo de un limón

Aceite de oliva

Frijoles refritos

Col morada fileteada

Limones

Cuadros de pimiento morrón rojo

Tortillas de harina

PREPARACIÓN

Licue el achiote con el jugo de naranja y el vinagre, salpimentando. Vierta la preparación en un refractario y marine los filetes por una hora, así como los chiles manzanos y la cebolla con el jugo del limón hasta que éste se consuma. Fría los filetes de pescado en aceite de oliva, retírelos y córtelos en pequeños trozos. Coloque porciones regulares en las tortillas de harina para hacer los tacos. Acompañe con los chiles manzanos y frijoles refritos.

Sirva sobre una cama de col morada, limones y pimiento morrón.

TACOS DE PESCADO

INGREDIENTES

¾ de kilo de pescado seco salado

½ cebolla picada

1 diente de ajo picado

2 chiles verdes picados

4 jitomates picados

¼ de taza de puré de tomate

½ taza de perejil picado

1 aguacate maduro

Aceite vegetal

Tortillas de maíz

PREPARACIÓN

Ponga el pescado en un trasto de vidrio, añada agua suficiente para cubrirlo y deje remojar durante 24 horas; cambie el agua de cuatro a seis veces en ese lapso. Al día siguiente escúrralo, desmenúcelo finamente y retire las espinas si es que tiene.

Caliente aceite y sofría la cebolla y el ajo; cuando estén acitronados, incorpore el chile, el jitomate y el puré, cocine hasta que cambie de color. Integre el pescado y el perejil y cocine hasta que el pescado esté cocido y quede seco.

Distribuya el pescado entre las tortillas y decore con rebanadas de aguacate.

TACOS DE PULPO A LA MEXICANA

INGREDIENTES

½ kilo de pulpo cocido

5 jitomates

1 cebolla

3 dientes de ajo

1 rama de cilantro

5 chiles de árbol verdes

Aceite de oliva

Sal al gusto

Aguacate

Jitomate

Tortillas de harina

PREPARACIÓN

Corte el pulpo en trozos pequeños, los jitomates y la cebolla en cuadros. Pique finamente el ajo, el cilantro y los chiles. Caliente el aceite de oliva y saltee todos los ingredientes, sazonando con sal.

Sirva porciones del pulpo en las tortillas calientes y decore los tacos con rebanadas de aguacate y jitomate.

TACUNES

INGREDIENTES

2 latas de atún en agua

½ cebolla mediana picada

2 calabacitas cortadas en
cubitos y cocidas

1 zanahoria cortada en cubitos
y cocida

2 jitomates picados

2 chiles serranos picados (o al
gusto)

Aceite vegetal

Sal al gusto

Tortillas de maíz

PREPARACIÓN

Fría la cebolla, la calabacita y la zanahoria en un
poco de aceite hasta que la primera empiece a dorar.
Agregue el atún, el jitomate, el chile y la sal, cocine hasta que el jitomate cambie de color, retire del
fuego.

Caliente las tortillas, reparta el atún, forme los tacos
y fríalos en aceite.

TACOS DE SARDINA

INGREDIENTES

1 lata de sardinas en jitomate

5 jitomates

¼ de cebolla

1 diente de ajo

2 chiles chipotles adobados (o al gusto)

Sal y pimienta al gusto

Aceite vegetal

Tortillas de maíz

PREPARACIÓN

Licue los jitomates, la cebolla, el ajo y los chipotles con ¼ de taza con agua.

Cuele lo licuado en una cacerola con aceite caliente y fría a fuego medio hasta que hierva y cambie de color; sazone con sal y pimienta.

Integre las sardinas, báñelas con la salsa y cocine cinco minutos para que se calienten.

Reparta las sardinas en las tortillas y sirva.

TACOS DE VEGETALES

TACOS DE ACELGAS Y PAPAS

INGREDIENTES

1 manojo de acelgas

1 cucharada de aceite de oliva

2 cucharadas de mantequilla

½ cebolla picada finamente

2 dientes de ajo picados

1 a 2 chiles cuaresmeños picados

2 papas cocidas

2 cucharadas de consomé de pollo en polvo

Tortillas de maíz

PREPARACIÓN

Lave bien las acelgas, quíteles los tallos, corte en trozos toscos y reserve.

En una olla, caliente el aceite y la mantequilla, fría ahí la cebolla y el ajo hasta que se pongan transparentes. Agregue los chiles y deje freír durante unos minutos. Añada las acelgas, tape la olla, baje la flama, durante cinco minutos.

Mientras, pique las papas en cubitos y cuando las acelgas estén listas, añada las papas y sazone con el consomé de pollo en polvo. Revuelva todo y cocine hasta que las papas estén calientes. En caso de que se lleguen a pegar al fondo de la olla, agregue un trocito de mantequilla.

Sirva las papas bien calientes, acompañadas de tortillas recién hechas.

TAQUITOS DE CHAYA
Soltovichayes

½ kilo de hojas de chaya

1 kilo de tomate

¼ de cebolla

Aceite, sal y pimienta al gusto

Tortillas de maíz

PREPARACIÓN

Cueza la chaya, pique y sofría con medio kilo de tomate y cebolla. Sazone con sal y pimienta. Ya frita la chaya, haga los tacos con las tortillas y fría en aceite. Acomode en un platón y rocíe con la salsa de tomate frita en aceite. Si se desea se le agrega crema.

ACAPONETOS

INGREDIENTES

1 cebolla picada
2 zanahorias cocidas y cortadas en cubos
1 taza de chícharos cocidos
1 col chica picada
Aceite vegetal
Sal al gusto
Tortillas de maíz

Salsa
½ kilo de jitomate
2 chiles verdes
1 diente de ajo
¼ de cebolla
Orégano y sal al gusto

PREPARACIÓN

En una sartén con un poco de aceite sofría la cebolla, la zanahoria, la papa, los chícharos y la col,
sazone con sal y cocine hasta que la col esté cocida;
retire.

Caliente las tortillas y rellénelas con las verduras
guisadas.

Salsa
Ase los jitomates, los chiles, el ajo y la cebolla; muélalos en un molcajete o en la licuadora y sazone con
orégano y sal. Acompañe los tacos con la salsa.

TACOS DE CREMA, DE TLAXCALA

INGREDIENTES

2 chiles poblanos

350 gramos de jitomate

1 cebolla chica

½ taza de crema

50 gramos de queso fresco

75 gramos de manteca

25 gramos de mantequilla

Sal al gusto

Tortillas de maíz

PREPARACIÓN

En poca manteca fría los chiles asados, desvenados y en rajas; agregue el jitomate asado, molido con la cebolla y colado; deje hervir hasta que espese, sazonándolo con sal y pimienta. Fría ligeramente las tortillas en manteca, rellene con la salsa y haga taquitos, acomódelos en un platón refractario untado de mantequilla: una capa de taquitos, otra de crema, queso rallado y bolitas de mantequilla, y así hasta terminar. Métalos al horno a que se doren y se sirven muy calientes.

TACOS CHINACOS

INGREDIENTES

1 ½ tazas de leche evaporada

Una cucharada de cebolla finamente picada

1 taza de queso fresco desmoronado

2 tazas de frijoles negros cocidos y molidos

Aceite, el necesario

Sal, la necesaria

Tortillas de maíz

PREPARACIÓN

Acitrone la cebolla en una sartén con aceite caliente. Una vez transparente, agréguele los frijoles y una y media taza de leche, poco a poco. Sazone con la sal suficiente y refría hasta que casi queden secos.

Rellene las tortillas y enrolle en forma de taco. Fría en el aceite caliente y ya doraditos se escurren y adornan con el resto del queso.

Nota: a los frijoles agrégueles chiles verdes finamente picados. Los tacos pueden adornarse también con chile verde y queso.

TACOS DE FLOR DE CALABAZA ESTILO COAHUILA

INGREDIENTES

250 gramos de calabacitas picadas

2 chiles poblanos asados y desvenados

2 elotes desgranados

1 cebolla

1 manojo de flor de calabaza

75 gramos de queso fresco desmoronado

¼ de litro de nata de leche

250 gramos de mantequilla

150 gramos de manteca

Sal al gusto

Tortillas de maíz

PREPARACIÓN

Fría cebolla picada y rajas de chile poblano en manteca. Incorpore la flor de calabaza, el elote, las calabacitas y sazone con sal; luego tape la cacerola y deje cocer a fuego suave.

Fría ligeramente las tortillas en mantequilla y rellénelas con la preparación anterior.

Coloque los taquitos en un platón refractario untado con mantequilla; báñelos con la nata y el queso desmoronado, horneando hasta que doren.

TACOS DE FLOR DE IZOTE

INGREDIENTES

6 tazas de agua

500 gramos de flor de izote

(retire el centro de la flor y si

tiene un capullo cerrado utilíce-

lo sin abrirlo)

1 ½ cucharadas de sal gruesa

Tortillas de maíz

SALSA

2 ½ tazas de cebolla, media-

namente picada

750 gramos de jitomates,

medianamente picados

6 chiles de árbol, ligeramente

tostados y picados

1 ½ cucharadas de aceite de

chile

⅓ de taza de aceite de oliva

Sal al gusto

PREPARACIÓN

En un recipiente ponga a calentar el agua e incorpore la sal; añada la flor de izote limpia, (sólo con los
pétalos) y cocine durante 20 minutos. Retire el agua
y vuelva a hacer el mismo procedimiento una vez
más (esto hace que la flor no amargue) y escúrrala.

Salsa
En un recipiente ponga el aceite y sazone con un
poco de sal. Fría la cebolla hasta acitronarla. Incorpore los jitomates y los chiles de árbol. Con el aceite de
chile, vuelva a sazonar y continúe cocinando hasta
que quede espeso. Agregue la flor de izote y cocine
hasta que espese. En un platón sirva la flor de izote y
acompáñela con tortillas.

TACOS DE FLOR DE JAMAICA

INGREDIENTES

½ taza de flor de jamaica seca, lavada, remojada y escurrida

1 queso crema, aplastado con un tenedor

250 gramos de queso manchego, rallado

¾ de taza de crema natural semiespesa

¾ de aceite de maíz

3 tazas de agua

Sal y pimienta al gusto

Tortillas de maíz

PREPARACIÓN

En un recipiente ponga a remojar la flor de jamaica durante media hora, escurra y seque. En una sartén ponga el queso crema con el manchego y la crema, sazone ligeramente y cocine a fuego medio hasta que se forme una crema semiespesa.

En una cazuela de barro ponga la flor de jamaica frita y caliente; en otro recipiente ponga los quesos mezclados con la crema. Haga tacos con las tortillas.

Nota: puede sustituirse el queso crema por queso de cabra.

TACOS DE HONGOS

INGREDIENTES

½ kilo de hongos lavados y
picados

4 dientes de ajo pelados y
picados

7 cebollitas cambray,
picadas

200 gramos de jitomate u
8 tomates verdes, pelados,
picados y cocidos

2 chiles serranos o jalapeños,
anchos, o chipotles desvenados, sin semillas, tostados
ligeramente y picados

½ taza con epazote o cilantro
picado (opcional)

2 cucharadas de vino blanco

¼ de taza con aceite o
manteca

Sal

Tortillas de maíz

PREPARACIÓN

Caliente el aceite o manteca en una sartén grande,
agregue los hongos y cocínelos. Añada los ingredientes restantes hasta que se reduzca el líquido.
Sazone al gusto.

Ponga en medio de la tortilla, enrolle y sirva bien
caliente.

TACOS DE SETAS AL AJILLO

INGREDIENTES

· 1 ¼ de setas lavadas y picadas
3 chiles guajillo lavados, sin
semillas y cortados en rajas
¼ de taza con aceite de oliva
½ cebolla finamente picada
3 dientes de ajo picados
1 cucharada de consomé de
pollo en polvo ·
Tortillas de maíz

PREPARACIÓN

Caliente el aceite, fría la cebolla y el ajo hasta que
estén dorados. Incorpore las setas y cocine a fuego medio hasta que estén cocidas; sazone con el
consomé. Agregue las tiras de chile, cocine cinco
minutos y retire.

Caliente las tortillas y reparta el guiso para formar los
tacos.

TACOS DE PAPAS Y CHILE

INGREDIENTES

4 piezas de papas cocidas en agua con sal, hechas puré con un poco de mantequilla o de chorizo

2 a 4 piezas de chiles jalapeños sin semillas, cortados en rajitas

2 a 4 piezas de chiles poblanos, desvenados y cortados en rajitas

Tortillas de maíz

PREPARACIÓN

Mezcle todos los ingredientes y ponga lo suficiente en cada tortilla, haciendo tacos.

TACOS DE PLÁTANO MACHO AL ESTILO DE CHIAPAS

INGREDIENTES

1 ½ kilo de plátanos machos

1 ½ tazas de salsa chimole

½ taza de aceite

Manteca

Tortillas de maíz

SALSA

5 chiles anchos

6 pimientos verdes

2 tortillas frías

2 dientes de ajo

3 jitomates maduros

3 hojitas de epazote

½ cucharadita de achiote

100 gramos de manteca de cerdo

Sal la necesaria

PREPARACIÓN

Corte en rebanadas los plátanos y fríalos. Luego en la misma grasa pase las tortillas, teniendo cuidado que no se doren. En cada tortilla coloque un par de rebanadas de plátano, enrollando a la manera de un taco y recúbralo con salsa chimole. Sirva muy caliente.

Salsa

Tueste los chiles limpios y sin semillas y póngalos a hervir hasta que estén cocidos, agregando agua al líquido de cocimiento para completar un litro. Dore en manteca cuidando que no se quemen las tortillas. Muela en metate, procesador o licuadora el chile y las tortillas ya doradas, el ajo, los pimientos y el achiote. Diluya la pasta resultante en el agua de cocimiento de los chiles. Caliente la manteca y fría en ella los jitomates sin piel y las hojas de epazote. Añada el líquido con el chile y demás ingredientes, deje hervir por quince minutos más.

TACOS DE RAJAS CON CREMA

INGREDIENTES

4 chiles poblanos

1 cebolla

1 lechuga picada

1 taza con crema de leche

Manteca

Queso añejo

Sal y pimienta

Tortillas de maíz

PREPARACIÓN

Ase, desvene y corte en rajas los chiles. Pique bien la cebolla. Agregue la crema, sal y pimienta. Cuando se haya formado una salsa espesa, retire del fuego y agregue queso añejo desmenuzado. Fría aparte las tortillas y doble como tacos. Rellene con la preparación anterior y la lechuga picada. Sírvalos enseguida.

Recomendación: puede usarse crema de leche dulce o agria o natilla.

TACOS DE RAJAS CON ELOTE

INGREDIENTES

8 chiles poblanos

1 ½ cebolla

4 elotes

1 taza de queso blanco

1 taza de crema

2 cucharadas de consomé de pollo

4 cucharadas de aceite

Tortillas de maíz

PREPARACIÓN

Ase los chiles en la estufa, póngalos de inmediato en un tazón con agua y déjelos ahí durante unos minutos.

Con las manos adentro del agua, pele los chiles hasta desprenderles toda la piel. Quíteles las semillas y las venas y córtelos en tiras delgadas.

Rebane la cebolla en tiras finas y desgrane los elotes.

Caliente el aceite en una olla y fría ahí la cebolla junto con los granos de elote. Cuando la cebolla esté transparente, agregue las rajas y el consomé y deje sazonar unos minutos. Ya que la mezcla esté caliente, añada la crema.

Ralle el queso y espolvoreé con él las rajas. Sirva de inmediato con tortillas calientitas.

TACOS DE RAJAS ESTILO MORELOS

INGREDIENTES

6 chiles poblanos

3 cebollas

500 gramos de jitomate

75 gramos de queso añejo

1 taza de nata de leche

150 gramos de manteca

Sal al gusto

Tortillas de maíz

PREPARACIÓN

En dos cucharadas de manteca fría dos cebollas rebanadas, agregue los chiles asados, desvenados y cortados en rajitas; estando bien fríos póngales la nata y el queso, sazone con sal y deje secar. Rellene las tortillas enrollándolas para formar los tacos y fríalas en manteca. Sírvalas con la salsa que se prepara friendo una cebolla picada en una cucharadita de manteca; agregue el jitomate asado, molido y colado; sazone con sal y un poco de pimienta y deje hervir hasta que espese. ¡Listos para servirse!

TACOS POBLANOS DORADITOS

INGREDIENTES

4 chiles poblanos asados, pelados y cortados en rajas
6 cebollitas de cambray rebanadas
2 jitomates picados
½ kilo de queso manchego en tiras
2 huevos
2 tazas de pan molido
¼ de taza de crema
Aceite vegetal
Sal al gusto
Tortillas de harina

PREPARACIÓN

Fría la cebolla, cuando esté acitronada, agregue las rajas y sazone con sal; cocine hasta que estén brillosas. Ponga un poco de rajas y queso en cada tortilla, enróllelas para hacer los tacos.

Bata los huevos, capee los tacos y cúbralos con el pan. Fríalos en aceite hasta que doren; escúrralos. Sirva con salsa.

TAQUITOS DORADOS
DE RAJAS CON CEBOLLA

INGREDIENTES

5 chiles poblanos

1 cebolla

Aceite el necesario

Sal y pimienta al gusto

Tortillas de maíz

GUARNICIÓN

Col morada, fileteada

Crema al gusto

Queso rallado el necesario

PREPARACIÓN

Ase los chiles poblanos y guárdelos en una bolsa para que suden; posteriormente se pelan y desvenan. Fileteé finamente la cebolla y corte los chiles en rajas pequeñas. Caliente un poco el aceite, fría los chiles, la cebolla y salpimiente.

Rellene las tortillas con las rajas, enrolle y fría los tacos en aceite caliente. Cuando estén dorados, retírelos del fuego y escúrralos en papel absorbente.

Sírvalos sobre una cama de col morada y decórelos con crema y queso.

TACOS DE ELOTE CON REQUESÓN

INGREDIENTES

½ kilo de granos de elote
cocidos
350 gramos de requesón
½ barrita de mantequilla
¼ de cebolla picada
Sal al gusto

Salsa
3 cucharaditas de harina
$^1/_3$ de barrita de mantequilla
3 tazas de leche caliente
100 gramos de queso man-
chego rallado
Sal y pimienta al gusto
Tortillas de maíz

PREPARACIÓN

Acitrone la cebolla en la mantequilla, agregue el elote y cuando estén impregnados, añada el requesón, sazone y retire del fuego.

Doble las tortillas calientes y rellénelas con la mezcla del requesón.

Salsa
Cocine la harina hasta que empiece a dorar. Añada la mantequilla y cocine sin dejar de mover hasta que suelte el hervor; vierta la leche poco a poco y sazone con sal y pimienta. Integre el queso y mezcle para derretirlo (si espesa demasiado vierta más leche). Ponga la salsa aparte para que cada comensal se sirva a su gusto.

TACOS DE VERDOLAGAS Y QUELITES

INGREDIENTES

500 gramos de verdolagas, limpias y lavadas

500 gramos de quelites, limpios y lavados

2 ¼ cebollas medianas cortadas en sesgo o en rodajas delgadas

4 dientes de ajo pelados

$1/3$ de taza de aceite de oliva o vegetal

Sal al gusto

Salsa de chile cascabel y guajillo

Tortillas de maíz

PREPARACIÓN

Caliente una sartén, añada el aceite, dore los ajos y retírelos. Incorpore las cebollas, las verdolagas y los quelites; salteé rápidamente y sazone al gusto. Las verduras deben quedar crujientes.

TACOS DE LA NOPALERA

INGREDIENTES

10 nopales cocidos y en
cubitos
250 gramos de longaniza
2 tazas de granos de elote
precocidos
1 cebolla picada
Sal o consomé de pollo en
polvo al gusto
Tortillas de maíz

PREPARACIÓN

Fría la longaniza (quite el exceso de grasa), agregue
los granos de elote, la cebolla, los nopales y sal o
consomé en polvo, revuelva.

Escurra el guiso y sírvalo en las tortillas.

TACOS DE ENSALADA DE NOPAL

INGREDIENTES

½ kilo de nopales

2 cucharadas de cebolla picada

¼ de taza de cilantro picado

3 chiles verdes picados

3 jitomates picados

2 cucharadas de vinagre blanco

4 cucharadas de aceite de oliva

100 gramos de queso panela rallado

Sal al gusto

Tortillas de maíz

PREPARACIÓN

Corte los nopales en cubitos y cocínelos en agua hirviendo con sal hasta que estén suaves, escúrralos. Mézclelos con la cebolla, el cilantro, el chile, el jitomate, el vinagre y el aceite. Ponga la ensalada en un platón y espolvoreé el queso panela.

Caliente las tortillas, forme los tacos y sirva en el momento.

TACOS DEL CAMPO

INGREDIENTES

5 calabacitas picadas

2 tazas de granos de elote cocidos

¼ de cebolla picada

1 diente de ajo picado

100 gramos de queso crema

Aceite vegetal

Sal al gusto

Tortillas de maíz

PREPARACIÓN

Acitrone el ajo y la cebolla, agregue las calabazas y cocine hasta que estén suaves. Agregue los elotes, el queso y sal, mezcle, ponga la tapa y cocine durante cinco minutos.

Rellene las tortillas, haga los tacos y fríalos hasta que estén dorados, retírelos y póngalos sobre papel absorbente para quitarles la grasa.

TACOS DE EJOTES CON HUEVO

INGREDIENTES

200 gramos de ejotes partidos
en trozos y cocidos
1 cebolla finamente picada
200 gramos de queso panela
cortado en cubos
6 huevos partidos
Aceite vegetal
Sal y pimienta al gusto
Tortillas de maíz

PREPARACIÓN

Acitrone la cebolla en aceite, agregue los ejotes y el queso; sazone y cocine hasta que los ejotes estén brillosos.

Añada los huevos, revuelva y cuando estén cocidos, retire.

Caliente las tortillas, rellénelas con la preparación del huevo. Sirva con salsa picante, la que desee.

Nota: se pueden cambiar los ejotes por chícharos o por nopales.

TACOS DE CASCARITAS DE PAPA

INGREDIENTES

La cáscara de cuatro papas crudas

¼ de cebolla rebanada

1 diente de ajo picado

2 chiles verdes picados

¼ de taza de epazote fresco picado

1 cucharadita de consomé de pollo en polvo

Aceite vegetal

Tortillas de maíz

PREPARACIÓN

Lave bien las cáscaras de papa y córtelas en tiras. Caliente aceite en una sartén, agregue la cebolla y cocine hasta que esté acitronada. Incorpore el ajo y cuando dore ligeramente, añada las cáscaras, el chile y el epazote; sazone con el consomé y fría hasta que las cáscaras estén cocidas.

Retire del fuego y distribuya la preparación entre las tortillas.

TACOS DE AVES

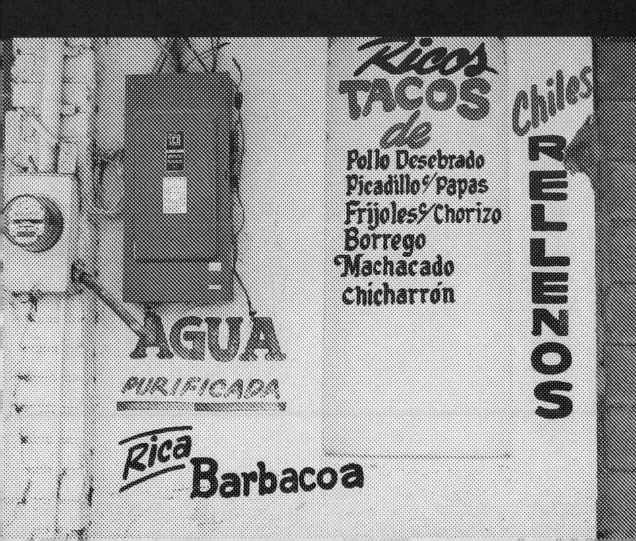

TACOS AHOGADOS

INGREDIENTES

2 pechugas de pollo

10 tomates verdes

4 chiles serranos

1 cebolla

1 taza de queso blanco rallado

1 taza de lechuga picada

1 taza de crema

1 cucharada de consomé de pollo

Aceite

Sal al gusto

Tortillas de maíz

PREPARACIÓN

Vierta suficiente agua en una olla, agregue un cuarto de cebolla y una cucharadita de sal. Ponga a cocer las pechugas de pollo y cuando estén bien cocidas sáquelas para luego desmenuzarlas.

Para hacer la salsa, ponga a hervir en otra olla los tomates y los chiles. Cuando ya se cocieron licúelos con otro cuarto de cebolla, sal y un poco de agua.

Licue los tomates, chiles, un cuarto de cebolla, sal y un poco de agua.

Fría esta mezcla en un poco de aceite, agregue el consomé de pollo y deje sazonar.

Extienda las tortillas, ponga el pollo desmenuzado y enrolle los tacos en un platón o bien en platos separados. Se adornan con crema, queso, lechuga y cebolla picada. Enseguida báñelos con la salsa verde hasta que se ahoguen en ella y sírvalos de inmediato.

TACOS DE NATA CON POLLO DE GUANAJUATO

INGREDIENTES

1 pechuga de pollo entera
cocida y desmenuzada o
350 gramos de queso panela
cortado en tiritas
Aceite de maíz para freír
150 gramos de queso man-
chego o Chihuahua rallado
finamente
Rajas de chile en vinagre
(optativo)
Tortillas de maíz

SALSA
2 cucharadas de manteca de
cerdo o aceite de maíz
1 cebolla grande finamente
picada
1 diente de ajo finamente
picado
6 jitomates medianos pelados,
despepitados y picados
2 tazas de nata
Sal y pimienta al gusto

PREPARACIÓN

Pase las tortillas por el aceite caliente, rellene con
el pollo o con el queso, póngales una cucharada de
salsa, enrolle como tacos, acomode en un refractario, cubra con el resto de la salsa, espolvoreé con el
queso rallado y métalos al horno precalentado
hasta que estén bien calientes.

Salsa
En la manteca o el aceite acitrone la cebolla y el ajo,
añada el jitomate, sal y pimienta, sazone bien. Agregue la nata y caliente cuidando que no hierva.

Se pueden acompañar con las rajas de chile, jitomate picado o frijoles refritos.

Nota: en caso de no encontrar nata se puede sustituir por crema.

TACOS DE NATA CON POLLO DE SAN LUIS POTOSÍ

INGREDIENTES

1 pechuga de pollo

2 jitomates

2 cebollas

1 diente de ajo

½ taza de nata de leche

⅛ de litro de aceite

Tortillas de maíz

PREPARACIÓN

La pechuga se cuece con agua, sal, una cebolla y un diente de ajo; ya cocida desmenuce y fría en dos cucharadas de aceite. Antes de que dore agregue la mitad del jitomate asado, molido y colado y deje hervir para después servir.

FAJITACOS

INGREDIENTES

½ kilo de fajitas de pollo

½ cebolla chica rebanada

1 pimiento morrón rojo cortado en tiras

1 cucharada de orégano

Aceite vegetal

Sal y pimienta al gusto

Tortillas de maíz

PREPARACIÓN

Sazone las fajitas con el orégano, sal y pimienta. Acritrone la cebolla, agregue las fajitas y cocine hasta que estén cocidas y ligeramente doradas. Añada el pimiento y cuando esté suave, retire del fuego.

Caliente las tortillas, rellénelas con el pollo y forme los tacos.

Acompañe con la salsa picante de su preferencia.

TACOS DE PATO ESTILO CARNITAS CON SALSA VERDE

INGREDIENTES

1 pato de aproximadamente dos kilos

1 cebolla mediana finamente picada

½ manojito de cilantro finamente picado

1 ½ kilo de manteca

2 tazas de agua

Tortillas de maíz

Salsa

6 tomates verdes

10 chiles verdes

1 aguacate

¼ de cebolla

1 ramita de perejil

Sal al gusto

Agua

PREPARACIÓN

Ponga el pato partido en piezas a cocer con la manteca y el agua suficiente hasta que lo cubra por espacio de cuatro horas a fuego medio en una cacerola cubierta o si lo desea en el horno cubierto de la misma manera a 200° C. Retire el pato y deshuéselo. Una vez deshuesado dórelo en el comal. Haga los tacos y dóblelos sobre el comal tibio; por último, póngales la cebolla y el cilantro picado y sírvalos con la salsa.

Salsa
Ase los tomates y los chiles sobre un comal crudo cuidando que queden medianamente parejos, licue con el resto de los ingredientes, añadiendo el agua necesaria.

TACOS DE PAVO

INGREDIENTES

2 ó 3 tazas de pavo cocido en cuadritos

450 gramos de tomate maduro, en pedacitos

1 cebolla chica picada

½ lechuga desmenuzada

450 gramos de queso cheddar o equivalente rallado

1 cucharadita de jugo de limón fresco

Orégano al gusto

Sal de ajo al gusto

Sal y pimienta al gusto

2 cucharadas soperas de salsa para tacos

Tortillas de maíz

PREPARACIÓN

Combine los primeros cinco ingredientes en una vasija. En vasija separada combine también la lechuga, tomates, jugo de limón y salsa. Caliente las tortillas; dóblelas por el centro y rellénelas con la mixtura del pavo, sujételas con palillos. Dórelas por ambos lados en el aceite. Quite los palillos y llene los tacos con la mixtura sazonada de lechuga y tomates. Póngales encima el queso.

Sírvalos inmediatamente con salsa adicional al gusto.

TACOS DE PAVO EN ESCABECHE

INGREDIENTES

1 pavo pequeño y limpio

4 naranjas agrias

2 cabezas de ajo machacado

2 kilos de cebolla

2 kilos de zanahoria cocida y rebanada

Aceite de oliva

Pimienta gorda

8 hojas de laurel

Orégano

Chiles jalapeños en rajas

Sal al gusto

Tortillas de harina

PREPARACIÓN

Bañe el pavo con el jugo de naranja, los ajos y la sal. Puede hornear o asar, según sea su gusto; una vez cocido deshébrelo.

Aparte, rebane la cebolla y póngala a desflemar remojándola en agua caliente y en aceite de oliva durante 15 minutos. Saque y fría con la pimienta, las hojas de laurel, el orégano, los chiles jalapeños y las zanahorias.

Agregue el pavo a la mezcla anterior y deje que sazone. Si es necesario añada consomé de pollo. Forme los tacos y sírvalos muy calientes.

TACOS DE POLLO
CON RAJAS POBLANAS

INGREDIENTES

1 pechuga de pollo grande,
cocida y deshebrada
5 chiles poblanos
2 cebollas fileteadas
1 rama de epazote
200 gramos de queso Oaxaca
deshebrado
2 tazas de crema
Aceite el necesario
Sal y pimienta al gusto
Tortillas de maíz
Salsa Verde
Chorizo frito
Pimiento morrón

PREPARACIÓN

Pele, desvene y corte los chiles en rajas. Saltee la cebolla y agregue el pollo, las rajas y el epazote. Mueva constantemente para evitar que se pegue; añada la crema y el queso, sazone con sal y pimienta.

Sirva porciones de pollo en las tortillas para hacer tacos, decore con salsa, chorizo y pimiento morrón.

TACOS DE POLLO

INGREDIENTES

1 pechuga de pollo grande
cocida y desmenuzada

Tocino picado

½ cebolla picada

3 chiles serranos cortados a lo
largo o en cuadritos

3 dientes de ajo picados
finamente

Salsa inglesa, como jugo
sazonador

Mantequilla

Aceite

Sal y pimienta

Tortillas de maíz

PREPARACIÓN

En una budinera se pone tantito aceite y mantequilla; se fríe cebolla y ajo, después tocino, en seguida el chile hasta que acitrone; agregue el pollo, salsa inglesa y jugo sazonador, así como sal y pimienta al gusto. Revuelva muy bien (si queda muy seca y desea que quede jugosa, agregue salsa de tomate al gusto, previamente guisada).

TAQUITOS DE ARROZ CON POLLO

INGREDIENTES

1 taza de arroz

2 pechugas de pollo

2 jitomates picados

¼ de cebolla

1 diente de ajo

Aceite vegetal

Sal al gusto

Tortillas de maíz

MASA DE AJO

4 dientes de ajo finamente picados

1 kilo de masa para tortillas

½ taza de agua

1 cucharadita de sal

PREPARACIÓN

En una cacerola con aceite caliente fría el arroz y cuando esté dorado, agregue el pollo; muévalo para impregnarlo de grasa.

Licue los jitomates, la cebolla, el ajo y sal para hacer un puré, viértalo sobre el arroz y cocine hasta que se consuma la mitad del líquido. Añada dos y media tazas de agua, baje el fuego y cocina hasta que el arroz y la pechuga estén cocidos.

Rellene las tortillas con el guiso de arroz. Sirva los tacos con la salsa picante que desee.

Masa

En un sartén con aceite sofría el ajo hasta que comience a dorar, retírelo. Sobre una superficie limpia mezcle con el agua y la sal; agregue el ajo picado y trabaje hasta que esté integrado. Tome porciones, haga las tortillas en la prensadora, cuézalas en un comal.

TACOS DE HUEVO

TACOS DE ARROZ CON HUEVO

INGREDIENTES

1 taza de arroz

2 jitomates saladet

¼ de cebolla

1 diente de ajo

1 ramita de cilantro

¼ de taza de aceite

3 tazas de agua

2 cucharadas de consomé de pollo en polvo

Sal al gusto

¾ de taza de verduras precocidas (chícharos, zanahorias, granitos de elote)

5 huevos cocidos

Tortillas de maíz

PREPARACIÓN

Caliente agua en una ollita y cuando comience a hervir apague el fuego y agregue el arroz. Deje remojar unos cinco minutos y después de este tiempo sáquelo y escúrralo.

Muela los jitomates, la cebolla y el ajo en la licuadora y cuele esta mezcla. Luego se calienta el aceite en una olla grande, gruesa y con tapa. Se vierte ahí el arroz escurrido y se fríe, revolviendo de vez en cuando, hasta que se empiecen a separar unos granos de otros. Escurra el exceso de aceite y regrese la olla al fuego, añadiendo el jitomate colado. Se agrega el consomé de pollo en polvo y una cucharadita de sal.

Deje sazonar el jitomate hasta que tome un tono más oscuro. Cuando esto suceda, añada el agua, tape la olla y espere a que empiece a hervir. Entonces, se baja el fuego lo más posible y se agregan las verduras precocidas. Tape la olla y deje que se cocine durante 25 minutos o hasta que toda el agua se haya evaporado. Mantenga tapada la olla hasta el momento de servir.

Para preparar los tacos, caliente muy bien las tortillas, pele los huevos cocidos y rebánelos. Acompañe cada taco de arroz con rodajitas de huevo y, si se desea, con unas rajitas de chiles en escabeche.

TAQUITOS DE HUEVO EN SALSA VERDE CON COSTILLAS DE CERDO

INGREDIENTES

1 kilo de costilla de cerdo en trocitos

6 huevos

Manteca

1 lechuga

1 manojo de rábanos

Tortillas de maíz

SALSA

2 chiles poblanos

¼ de kilo de tomatillo de hoja

2 cebollas

2 hojas de lechuga

3 hojitas de epazote

Un manojo de cilantro fresco

4 dientes de ajo

PREPARACIÓN

Ponga las costillas al fuego con agua que las cubra y sal; deje hervir hasta que se consuma el agua y fría en su propia grasa a que queden como chicharrones. Bata los huevos ligeramente, agregue cebolla picada y sal, y fría en manteca (cucharada y media), dejando unos huevos revueltos tiernitos.

Salsa

Fría en una cucharada de manteca los dientes de ajo, retire, muela con los chiles poblanos asados, desvenados y sin piel con los tomatillos cocidos y el epazote y las hojas de lechuga. En la manteca en que se frieron los ajos, se fríe una cebolla picada y la salsa con todo lo que se molió, colada; ya que está bien frita, agregue el cilantro fresco molido y sal; deje hervir a que se sazone un poco y espese. Fría las tortillas ligeramente, después páselas por la salsa, rellene con los huevos revueltos, colocados en el centro de un platón extendido y cubra con el resto de la salsa; alrededor de los taquitos ponga las costillitas y en la orilla del platón las hojas de lechuga terminando el adorno con los rabanitos cortados en forma de flor.

PAPADZULES

INGREDIENTES

½ kilo de pepita gruesa

10 huevos

½ kilo de jitomate

2 chiles habaneros

Sal al gusto

Tortillas de maíz

PREPARACIÓN

Tueste la pepita ligeramente, sin dejar que se queme y muélala, debe quedar gruesa.

Los huevos se hierven y una vez cocidos pélelos y machaque con un tenedor.

Hierva los jitomates en un litro y medio de agua, con sal, chiles habaneros y epazote. Después escurra los jitomates, reserve el agua en donde se cocieron, pele, quite las semillas y machaque o licue, sazonando con sal.

La pepita molida se rocía poco a poco con el agua caliente donde se cocieron los jitomates y se amasa suavemente, rocíe las veces que sea necesario, hasta que suelte su aceite, éste se recoge y se reserva.

Con el resto del agua, donde se cocieron los jitomates, deshaga la pepita molida y sazone con sal. Debe quedar como una crema ligeramente espesa; al momento de servir se calienta al baño María, pero no debe de hervir.

Remoje las tortillas calientes en la crema de pepita y coloque en un platón. A cada tortilla póngale en el centro el huevo machacado y enrolle.

En platos calientes ponga en el fondo un poco de salsa, luego los taquitos y encima más crema de pepita, así como con salsa de jitomate y por encima el aceite de la pepita.

TACOS DE QUESO

CHIMICHANGAS

INGREDIENTES

2 tazas de frijoles refritos con ajo y cebolla y una pizca de comino

8 cucharadas de cebolla picada muy fina

5 tazas de jitomate picado muy fino

2 chiles chipotles adobados y picados con su jugo

100 gramos de queso rallado

1 taza de aceite o de manteca

Sal y pimienta al gusto

Tortillas de harina

PREPARACIÓN

Mezcle los frijoles con el chile y el queso y con esta pasta rellene las tortillas hasta que queden unos rollitos finos y apretados, procurando que no se salga el relleno por los extremos.

Caliente el resto de la grasa y fría los rollitos hasta dorar.

Se sirve muy caliente con salsa de jitomate.

Salsa
Para hacer la salsa, fría en dos cucharadas de grasa la cebolla y el jitomate, con sal y pimienta; deje en el fuego hasta que espese y reserve.

TAQUITOS DE QUESO FUNDIDO AL TEQUILA O MEZCAL

INGREDIENTES

²/₃ de taza de queso parmesano rallado

²/₃ de taza de queso Chihuahua rallado

1 diente de ajo

½ taza de tequila o mezcal

1 pizca de fécula de maíz

Sal y pimienta negra molida al gusto

Tortillas de maíz

PREPARACIÓN

Parta el ajo y úntelo en el fondo y en las paredes de la cazuela de barro y agregue los quesos. Mezcle el tequila o el mezcal con la fécula de maíz, sal y pimienta y vierta sobre el queso. Cocine a fuego medio hasta que gratine el queso y sirva con las tortillas calientes.

TAQUITOS LAGUNEROS

INGREDIENTES

½ kilo de jitomate

150 gramos manteca

125 gramos queso fresco, rallado

¼ l de crema

8 chiles poblanos

1 cebolla grande rebanada

Sal y pimienta al gusto

Tortillas de maíz

PREPARACIÓN

Fría la cebolla en la mitad de la manteca y deje acitronar; luego agregue los chiles poblanos en rajas y en la misma grasa también fría el jitomate asado, molido y colado; al espesar, retire del fuego y deje que enfríen. Incorpore las rajas y la cebolla; sazone con sal y pimienta.

Fría ligeramente las tortillas en el resto de la manteca y rellene con el guiso anterior; enrolle.
En un platón refractario engrasado, coloque capas de taquitos, crema y queso (la última capa que sea de queso). Antes de servir, meta al horno por unos minutos.

TACOS DE PAPA
Y QUESO DE JALISCO

INGREDIENTES

2 tazas de puré de papa

2 chiles poblanos asados, pelados, desvenados y picados

300 gramos de queso adobera en cubitos

300 gramos de queso panela en rebanadas delgadas

½ taza de jocoque líquido

Sal al gusto

Aceite vegetal

Tortillas de maíz

PREPARACIÓN

En un tazón mezcle el puré con los chiles, el queso y sal, reservándolos.

Pase las tortillas por aceite caliente, retírelas, rellénalas con puré y envuelva para hacer los tacos. Colóquelos en un refractario, cúbralos con el queso panela, báñelos con el jocoque y sazone con sal.

Horneé en horno precalentado, 30 minutos a 180° C, acompañados con frijoles de la olla.

Nota: para hacer el puré se puede usar una y media tazas de hojuelas para puré instantáneo y prepárelo siguiendo las instrucciones del paquete.

Se puede sustituir el queso adobera con algún queso enchilado.

TACOS DE QUESO I

INGREDIENTES

2 chiles poblanos

½ kilo de jitomate

1 cucharada de cebolla picada

3 cucharadas de manteca o

aceite

1 taza de crema o jocoque

Queso blanco de crema

Tortillas de maíz

PREPARACIÓN

Los chiles poblanos se asan y se pelan, quitándoles las semillas y moliéndolos. Lo mismo se hace con los jitomates. Caliente una cucharada de la manteca o aceite y fría la cebolla picada; cuando esté acitronada, se agregan los chiles y el jitomate molidos, sazonando la salsa con sal, y cuando esté espesa retire. Caliente el resto de la manteca y fría ligeramente las tortillas, pero que queden suaves. En cada una se pone una rebanada de queso y se envuelven como taquitos colocados en un platón y poniendo encima la salsa bien caliente, así como el jocoque. Sirva inmediatamente.

TACOS DE REQUESÓN I

INGREDIENTES

500 gramos de requesón, desmoronado

½ taza de crema

½ taza de yogur

½ taza de cebolla, finamente picada

1 cucharada de chile serrano, finamente picado

⅓ de taza de epazote, finamente picado

Sal y pimienta al gusto

6 tiras de hoja de plátano

PREPARACIÓN

En un recipiente combine el requesón con la crema y el yogur; incorpore la cebolla, el chile serrano, el epazote y salpimiente. Rellene con la pasta extendiéndola a lo largo de un extremo de las tortillas y forme los tacos. Recaliéntelos en un comal.

En platos individuales coloque las tiras de hoja de plátano. Acomode dos tacos y encima otro. Acompáñelos con salsa de tomatillo y xoconoxtle.

Salsa

Precaliente un comal; ase los xoconoxtles y retíreles la piel y el centro, porque tiene semillas. Limpie los tomatillos y áselos con el chile, de manera que no se quemen. Aparte los tomatillos y lávelos. Remoje los chiles durante 20 minutos. Ase los ajos y la cebolla. En un molcajete muela los ajos, la cebolla y la sal; incorpore los chiles, los xoconoxtles y los tomatillos. Agregue el agua hasta que obtenga una salsa semiespesa. Vuelva a rectificar la sazón.

TACOS DE CANASTA

IMPORTANTE

Las tortillas se pasan por manteca caliente procurando que no se doren. Después rellene y doble como quesadillas, coloque en un trapo de algodón dentro de una canasta. Ya que están todos los tacos listos se cubren con un plástico y se envuelven muy bien en el trapo para que suden e impregnen su grasa. Se sirven calientes y se acompañan con chiles en vinagre.

DE CARNE DESHEBRADA

INGREDIENTES

4 cucharadas de manteca de
cerdo o aceite de maíz
1 cebolla picada
500 gramos de falda de res
bien cocida y desmenuzada
500 gramos de jitomate molido
y colado
3 ó 4 chiles chipotles en adobo
Sal al gusto
Tortillas de maíz

PREPARACIÓN

En la manteca caliente acitrone la cebolla, añada la
carne desmenuzada y sofría un minuto; agregue el
jitomate, los chipotles picados y la sal, deje a fuego
lento hasta que el jitomate esté bien sazonado.

DE CHICHARRÓN ADOBADO

INGREDIENTES

¼ de cebolla chica

1 jitomate

4 chiles guajillos

1 diente de ajo

300 gramos de chicharrón

prensado

Sal al gusto

Tortillas de maíz

PREPARACIÓN

Cueza el jitomate, la cebolla, los chiles guajillos y el ajo en suficiente agua. Enseguida licue y cuele. Aparte, caliente un poco de manteca y fría el chicharrón. Vierta la salsa y sazone con sal.

DE CHICHARRÓN
EN SALSA VERDE

INGREDIENTES

½ kilo de tomate verde pelado
y picado

3 chiles serranos (o al gusto)

1 cebolla toscamente picada

½ taza de agua

2 cucharadas de manteca de
puerco o aceite de maíz

300 gramos de chicharrón
de puerco cortado en trozos
chicos

3 cucharadas de cilantro
picado

Sal al gusto

Tortillas de maíz

PREPARACIÓN

En una cacerola ponga a cocer los primeros cuatro
ingredientes y añada sal. Cuando estén bien cocidos
aparte del fuego, deje enfriar un poco y licue. En una
cazuela de barro ponga a calentar la manteca y agregue la salsa y el chicharrón, dejando cocer durante
unos seis minutos a fuego lento. Añada el cilantro y
deje cocer un minuto más.

Nota: también se puede hacer con salsa roja, poniendo dos chiles anchos, remojados, sin semillas ni
venas. Puede ser jitomate en lugar de tomate.

DE FRIJOL

INGREDIENTES

150 gramos de frijol

3 chiles pasilla

2 dientes de ajo

3 cominos

10 cucharadas de aceite

50 gramos de queso añejo

Tortillas de maíz

PREPARACIÓN

Los frijoles, ya cocidos, se muelen con los chiles asados, desvenados y remojados, con los dientes de ajo y sal, y se fríen en cuatro cucharadas de aceite.

Fría las tortillas en el aceite cuidando que no se doren, ponga en el centro un poco de frijol y queso rallado, doble por la mitad y sirva calientes.

DE PIPIÁN VERDE

INGREDIENTES

2 pechugas de pollo enteras

1 cebolla partida en dos partes

2 dientes de ajo

1 rama de apio

1 zanahoria partida a la mitad

200 gramos de pepitas de calabaza

¼ de taza de hojas de cilantro

4 hojas de lechuga lavadas

1 diente de ajo

5 chiles serranos o al gusto

1 cebolla mediana

1 cucharada de manteca de cerdo o de aceite de maíz

Sal al gusto

Tortillas de maíz

PREPARACIÓN

El pollo se pone a cocer con la cebolla, el ajo, apio, perejil, zanahoria y sal al gusto, hasta que esté tierno. Cuele el caldo. Deje enfriar el pollo y desmenuce.

Las pepitas se asan a fuego lento en una sartén hasta que empiecen a explotar, cuidando que no se quemen. Licue con el caldo de pollo, el cilantro, los chiles, la lechuga, el ajo y la cebolla. Derrita la manteca y ahí fría lo molido, dejando sazonar unos minutos. Luego, agregue el pollo cocido, deje hervir 10 minutos más y rellene las tortillas.

TACOS DE GUISADOS

TACOS DE GUISADO DE SESOS

INGREDIENTES

2 cabezas de sesos de ternera

90 gramos de mantequilla

2 cucharadas de maíz

2 cebollas finamente picadas

4 chiles serranos finamente picados

3 cucharadas de epazote picado

Sal y pimienta al gusto

Tortillas de maíz

PREPARACIÓN

Los sesos se lavan muy bien en agua corriente para quitarles toda la sangre, se ponen a cocer en agua con la cebolla, las hierbas de olor y la sal, durante 15 minutos o hasta que estén cocidos. Luego se dejan enfriar un poco y se les quita con mucho cuidado la pielecita que los cubre y se pican finamente.

En la mantequilla y el aceite se acitronan la cebolla y el chile, se añaden los sesos, el epazote, sal y pimienta y se deja sazonar.

TACOS DE GUISADO DE MORONGA

INGREDIENTES

4 cucharadas de manteca de cerdo

1 cebolla mediana finamente picada

2 dientes de ajo finamente picados

3 chiles serranos finamente picados

½ kilo de moronga o rellena

½ kilo de tomate finamente picado

4 cucharadas de cilantro picado

Sal al gusto

Tortillas de maíz

PREPARACIÓN

En la manteca caliente se acitronan la cebolla, el ajo y los chiles; se añade la moronga picada y se fríe unos minutos; luego se agregan el tomate verde, el cilantro, la sal y se deja sazonar.

TACOS DE GUISADO DE TINGA POBLANA DE POLLO

INGREDIENTES

2 pollos en piezas pequeñas

2 cucharadas de manteca

8 piezas de jitomate sin piel, sin semillas y picados

4 dientes de ajo

2 cebollas medianas grandes picadas

4 cucharadas de perejil picado

2 tazas de caldo de pollo

6 piezas de chiles chipotles en vinagre, picados

Sal

Tortillas de maíz

PREPARACIÓN

Fría el pollo en manteca. Cuando esté dorado, agréguele jitomate, ajo, cebolla perejil y sal.

Deje a fuego bajo hasta que empiece a secar y agregue entonces una taza de caldo, tape y deje hasta que el caldo se consuma y el pollo esté cocido. (25 minutos aproximadamente).

Si es necesario, agregue un poco más de caldo. Retire las piezas, deshuéselas, deshébrelas y regréselas a la salsa.

Antes de que quede seco, añada los chiles chipotles con su vinagre.

Cuando esté casi seco retire del fuego.

Se sirve bien caliente en el centro de la tortilla y se hacen tacos.

TACOS DEL NORTE

ALAMBRE

1 cebolla cortada en cuadros

1 pimiento verde o rojo, cortado en cuadros

10 gramos de champiñones
fileteados

4 bisteces de res, delgados

8 rebanadas de tocino, cortadas en cuadros

200 gramos de queso man-
chego rallado

Tortillas de harina

PREPARACIÓN

En una plancha o sartén, fría el tocino hasta que
suelte casi toda la grasa. Añada la cebolla, el pimiento y los champiñones. Deje que se sancochen hasta
que la cebolla esté transparente. Cuando el primer
paso suceda, haga a un lado los ingredientes y
coloque en la plancha los bisteces. Sazone con sal.
Puede colocar la carne ya cortada en trocitos o bien
cocinarla y luego cortarla.

Cuando la carne ya esté bien cocida y casi todo esté
listo para servir, espolvoree el queso rallado encima
de toda la preparación. En cuanto el queso esté fundido, prepare los tacos de inmediato y acompáñelos
con salsa y limón.

BURRITOS DE CHILE COLORADO

INGREDIENTES

250 gramos de carne seca

3 dientes de ajo

2 cucharadas de harina

2 cucharadas de manteca o aceite

10 chiles colorados o anchos, remojados, cocidos y molidos con agua

1 pizca de comino

2 cucharadas de vinagre

½ cucharadita de azúcar

½ cucharadita de orégano

Tortillas de harina

PREPARACIÓN

La manera autóctona de machacar la carne seca es con una piedra de río o se machaca con un martillo cuidando de quitar los nervios. Se agregan los ajos y se hace papilla con la carne, se desmenuza hasta que quede bien fina.

En la grasa se fríe la harina, ya dorada se agrega la carne revolviéndola para que no se queme, se agrega el chile, se sazona con vinagre, comino, orégano, azúcar y se deja al fuego hasta que sequen.

Se retira del fuego y se rellenan las tortillas como tacos. Se sirven fríos o calientes.

BURRITOS DE LANGOSTA Y FRIJOLES

INGREDIENTES

6 tazas de frijoles bayos o
mantequilla, cocidos

Salsa mexicana

12 limones partidos por la
mitad

2 tazas de mantequilla
derretida

6 colas de langostas medianas, partidas por la mitad

4 tazas de aceite de maíz

4 tazas de aceite de oliva

2 rebanadas gruesas de
cebolla

Tortillas de harina

PREPARACIÓN

Precaliente el horno a 300° C. Lave las colas de
langosta partidas por la mitad y escúrralas. En una
freidora o en un recipiente grande y hondo precaliente el aceite de maíz y el de oliva, dore las rebanadas
de cebolla y retírelas. Cocine las colas de langosta
hasta que estén rojas, durante unos cinco minutos,
o hasta que la carne esté suave. (Esto dependerá de
que tan grandes sean las langostas). Escúrralas, páselas a una charola y salpíquelas con sal. Manténga-
las calientes en el horno por un momento, mientras
prepara la guarnición.

En un platón grande sirva las langostas y acompá-
ñelas con los frijoles bayos o mantequilla servida en
una cazuelita, la salsa mexicana, los limones partidos
por la mitad, la mantequilla derretida y las tortillas

TACOS INDÍGENAS

IMPORTANTE

En este caso, se trata de una variedad de tacos regionales que por su peculiaridad y su consumo casi se limita a los habitantes de pequeñas áreas geográficas o bien de unos cuantos restaurantes y fondas.

TACOS DE CHARALES

INGREDIENTES

300 gramos de charales (Son habituales en las zonas lacustres del Estado de México. Michoacán y Jalisco.)

3 cucharadas de mantequilla o 2 ½ cucharadas de aceite.

2 limones partidos.

Tortillas de maíz

Son habituales en las zonas lacustres del Estado de México. Michoacán y Jalisco. Los pequeños pescados se fríen y colocados en el taco, se les agrega salsa de chile cascabel y unas gotas de limón. También pueden hacerse con charales asados en hoja de mazorca, como tamal; los mejores se venden en el tianguis de Toluca.

PREPARACIÓN

Calentar la grasa y freír los charales. Tapar la sartén sin retirarla de la lumbre. Moverlos de vez en cuando con una cuchara de madera durante cuatro o cinco minutos para que se doren uniformemente; retiralos de la lumbre. Mantenerlos cubiertos en un lugar caliente.

Calentar la salsa, verter un poco sobre las tortillas calientes; encima colocar los charales fritos y rociarlos con unas gotas de limón.

Nota: puede hacerse otra variante de tacos con los charales asados en hoja de mazorca. En Toluca son famosos los que se venden en el tianguis.

TACOS ACOCILES

INGREDIENTES

½ taza de aceite de oliva o manteca

4 dientes de ajo, finamente picados

1 ½ cebollas medianas; finamente picadas

5 chiles serranos, finamente picados

750 gramos de acociles o camarones pequeños para cóctel

½ taza de epazote, finamente picado

1 manojo de cilantro

Sal al gusto

½ taza de cilantro, finamente picado

Tortillas de maíz

PREPARACIÓN

En una cacerola ponga a calentar el aceite de oliva o la manteca; incorpore los dientes de ajo picados y cocínelos hasta que empiecen a tomar un color café claro. Sazone con sal. Añada la cebolla y continúe cocinando hasta que se doren; agregue los chiles serranos y cocine durante unos minutos. Con el fuego fuerte incorpore los acociles para que se impregnen y agregue el epazote y el manojo de cilantro; vuelva a sazonar, reduzca el fuego y tape la cacerola durante 20 minutos.

En caso de que esté muy seco vierta ½ taza de caldo de pollo.

Ponga los acociles en una cazuela y salpique con el cilantro. Caliente las tortillas. Sirva todo caliente y haga taquitos para botana.

Estos crustáceos son propios de las zonas lacustres del centro del país. El acocil es un camarón miniatura que se hierve con sal. Se come íntegro, sin quitarle cabeza, cáscara, ni extremidades.

TACOS DE CHAPULINES

INGREDIENTES

3 tazas de chapulines
100 gramos de manteca
10 dientes de ajo
3 limones

SALSA
8 chiles pasilla
8 dientes de ajo
5 cucharadas de aceite
Tortillas de maíz

Son característicos de Oaxaca. Los grillos más finos y más pequeños son los que crecen en la alfalfa, en tanto que los de milpa (de maíz) son un poco más grandes. Se hierven en agua con ajo y limón, y así los venden en el mercado. El comprador los fríe en su casa con más ajo, hasta dorarse. Se comen poniéndolos en una tortilla con salsa de chiles secos.

PREPARACIÓN

Se asan los chiles, se remojan, se muelen con los dientes de ajo y se les agrega sal y aceite.
Se ponen los chapulines vivos en agua hirviendo. Se lavan muy bien, se escurren, dejan secar y muelen en el molcajete.

Se fríen en manteca, se les agrega los ajos molidos y la sal, y cuando estén bien fritos se les agrega el jugo de limón.

Se pone un poco de chapulines y salsa en cada tortilla y se enrolla formando un taco.

TACOS DE ESCAMOLES

INGREDIENTES

300 gramos de escamoles

2 piezas de hojas de epazote

3 piezas de hoja de mixiote o

papel aluminio

1 cucharadita de mantequilla

1 taza de guacamole

Tortillas de maíz

PREPARACIÓN

Haga un mixiote con las hojas de maguey, rellenándolo con los escamoles, el epazote, sal y la mantequilla. Amarre y cueza al vapor durante ocho minutos. Sirva en tortillas acompañándolas con guacamole.

TACOS DE GUSANOS DE MAGUEY

INGREDIENTES

300 gramos de gusanos de maguey

3 cucharadas de mantequilla

2 ½ cucharadas de aceite

10 piezas de tortillas

1 taza de salsa borracha

PREPARACIÓN

Caliente la grasa y fría los gusanos, tapando la sartén y sin retirarla de la lumbre. Mueva la sartén para que se doren de manera uniforme, de cuatro a cinco minutos y apague. Manténgalos cubiertos en un lugar caliente.

Caliente la salsa, vierta un poco de ésta sobre las tortillas calientes y encima coloque los gusanos fritos.

Se pueden servir por separado: los gusanos en la misma cazuelita donde se frieron con la salsa caliente, y las tortillas, muy calientes, para que cada comensal se prepare sus propios tacos.

TACOS DE JUMILES

INGREDIENTES

300 gramos de jumiles

3 cucharadas de mantequilla

2 ½ cucharadas de aceite

10 tortillas de maíz

1 taza de salsa de su preferencia

El jumil o chinche de monte es un extraordinario alimento usual en la "Tierra Caliente" de Guerrero, Morelos y Estado de México. Posee un exótico y fuerte sabor, casi picante, que recuerda a la pimienta o al orozuz y, si se tiene la fortuna de conseguirlos, se pueden cocinar de la siguiente manera:

PREPARACIÓN

Calentar la grasa y freír los jumiles, tapar la sartén sin retirarla de la lumbre. Moverlos durante cuatro o cinco minutos con una cuchara de madera para que se doren uniformemente; retirarlos de la lumbre. Mantenerlos cubiertos en un lugar caliente.

Calentar la salsa y verter un poco sobre las tortillas calientes, encima colocar los jumiles previamente fritos.

Nota: los jumiles se pueden servir en la misma cazuelita donde se frieron, agregándoseles salsa caliente. Por separado se presentan las tortillas muy calientes, para que cada comensal se prepare sus propios tacos.

FLAUTAS

FLAUTAS DE BARBACOA

INGREDIENTES

1 taza de barbacoa desmenuzada
1 taza de crema
250 gramos de queso añejo
desmoronado
Aceite de maíz para freír

SALSA VERDE
500 gramos de tomates
verdes
8 chiles serranos
½ kilo de cebolla picada
5 cucharadas de cilantro
1 aguacate deshuesado y
pelado
Sal al gusto
Tortillas de maíz

SALSA ROJA
500 gramos de tomates
verdes
12 chiles guajillo
1 diente de ajo
Sal al gusto

PREPARACIÓN

Se rellenan las tortillas con la barbacoa, apretando bien los taquitos, y se fríen en aceite muy caliente hasta que estén doraditos; se escurren en papel absorbente y se sirven bañados, la mitad con una salsa y la otra mitad con la otra. Se añade la crema y se espolvorea con el queso.

Salsa verde
Se ponen a cocer los tomates con los chiles y un poquito de agua, se dejan enfriar un poco y se licuan con el resto de los ingredientes.

Salsa roja
Se cuecen los tomates, chiles, ajo y sal. Se deja enfriar un poco y se licúa.

FLAUTAS DE PICADILLO BLANCO

Rinde dos tazas para rellenar una docena de flautas

INGREDIENTES

250 gramos de carne molida de res con algo de grasa

3 cucharadas de cebolla finamente picada

125 gramos de jitomate finamente picado, sin pelar

¼ de taza de perejil picado

Sal al gusto

Tortillas de maíz

PREPARACIÓN

Extienda la carne en una sartén gruesa sin engrasar y cuézala a fuego lento hasta que empiece a soltar la grasa. Esto tomará como 10 minutos, y luego será necesario revolver la carne de vez en cuando raspando el fondo del sartén para impedir que se pegue. Agregue la cebolla y siga cociéndola con fuego mediano durante tres minutos más. Añada el jitomate, el perejil y la sal, y cueza la mezcla hasta que esté bastante seca, como ocho minutos después.

OTROS TACOS

TACOS DE CONEJO

INGREDIENTES

5 tazas de agua

1 conejo mediano

1 cebolla mediana, cortada en trozos

4 dientes de ajos medianos, pelados

4 ramitas frescas de tomillo

4 ramitas frescas de mejorana

1 cucharadita de pimienta negra entera

6 pimientas gordas enteras

Sal al gusto

Tortillas de maíz

SALSA

8 tazas de agua

16 cucharadas de vinagre

15 chiles guajillos

8 chiles guajillos, puyas o chiles colorados, secos

1 cebolla mediana cortada en cuarterones

8 dientes de ajo pelados

1 cucharada de comino

1 cucharadita de semillas de cilantro

3 ramitas frescas de orégano o ½ cucharadita de orégano seco

1 ½ cucharaditas de pimienta gorda entera

1 ½ cucharadita de pimienta negra

½ taza de vinagre blanco o de manzana

½ taza de aceite de oliva

2 rebanadas de cebolla

PREPARACIÓN

En una olla a presión ponga el conejo, el agua, la cebolla, los dientes de ajo, las hierbas de olor y la pimienta entera y sazone con un poco de sal. Tape y cocine a fuego fuerte hasta que empiece a silbar o a salir vapor; en ese momento baje la lumbre y continúe la cocción durante una hora 15 minutos. Deje enfriar, retire el conejo y desmenúcelo.

Salsa

Lave los chiles, desvénelos, áselos por ambos lados en un comal precalentado, sin quemarlos; y remójelos en agua caliente con el vinagre durante 20 minutos, para quitarles lo picante. Coloque los chiles, la cebolla, el ajo, el comino, las semillas de cilantro, el orégano, la pimienta gorda, la pimienta negra y la sal con una taza de caldo de conejo y muélalos en la licuadora. Añada el resto del vinagre y el aceite de oliva. La salsa deberá formar una pasta espesa.

Ponga a calentar una cacerola, agregue la manteca, dore las rebanadas de cebolla y retírelas. Añada el conejo desmenuzado y sofríalo moviéndolo de vez en cuando hasta que quede bien frito. Incorpore la salsa y continúe cocinándolo hasta que espese y refría en su propio jugo. Vuelva a sazonar. El conejo deberá quedar como un salpicón.

Caliente las tortillas y el conejo, para preparar los tacos.

TACOS DE JOCOQUE

INGREDIENTES

700 gramos de jitomate

8 chiles verdes

2 cebollas

230 gramos de queso fresco

50 gramos de mantequilla

200 gramos de manteca

3 tazas de leche

Sal al gusto

Tortillas de maíz

PREPARACIÓN

En una cucharada de manteca se fríen los chiles asados, sin la piel, desvenados y cortados en rajitas. Se agrega la sal, el jitomate asado, molido con la cebolla y colado. Se deja hervir hasta que forme una salsa espesa.

Las tortillas se fríen ligeramente en manteca, se rellenan con la salsa y se enrollan formándose taquitos.

En un platón refractario untado con mantequilla se pone una capa de taquitos, otra de jocoque, de queso rallado y bolitas de mantequilla, así hasta terminar. Se mete al horno a que doren, se sirven muy calientes.

Jocoque
En un jarro de barro nuevo o que no tenga nada de grasa, se pone leche cruda, se tapa y se deja en un lugar caliente. Cuando la leche esté agria que es más o menos a los dos días, se le quita el suero soltado (que es como agua), la parte espesa se bate un poco, se sazona con sal y se les pone a los taquitos.

TACOS DE MOLE HUASTECO

INGREDIENTES

MOLE

Lavados, escurridos y desvenados:

3 chiles chipotles

2 chiles de árbol

4 chiles anchos

1 cebolla mediana asada

6 dientes de ajo asados

2 clavos de olor asados

1 cucharadita de pimienta negra, asada

1 cucharadita de semilla de comino, asada

1 raja de canela de 2 centímetros, asada

12 cucharadas de ajonjolí, ligeramente tostado y molido

½ taza de manteca o aceite de maíz

2 rebanadas de cebolla

TACOS

½ taza de manteca o aceite de maíz

2 pechugas cocidas en 4 tazas de agua con cebolla, ajo, sal y hierbas de olor, deshebradas

½ taza de crema natural

½ taza de queso fresco, desmoronado

½ taza de cebolla, finamente picada

Tortillas de maíz

PREPARACIÓN

En un comal ase los chiles y remójelos durante media hora. Haga lo mismo con la cebolla, los ajos y los demás ingredientes, y muélalos dos veces en una licuadora con un poco del caldo de las pechugas; si se requiere un poco más de agua, añádala.

En una sartén caliente la manteca, dore las dos rebanadas de cebolla y sazone; vierta la mitad de la salsa, fríala y agregue el resto. Sazónela al gusto. Cocine a fuego lento durante 25 minutos. Muévala. Agregue el pollo desmenuzado y cocine por 15 minutos más. Si está muy espeso agregue un poco de agua. Deje enfriar para rellenar. Precaliente el horno a 175° C. Rellene las tortillas calientes con el pollo, enróllelas y ciérrelas con un palillo. Ponga los tacos en un trapo o colóquelos en una bolsa de plástico.

En una sartén caliente el aceite o la manteca y fría los taquitos de tres en tres, báñelos con el aceite para que doren parejos y voltéelos; retírelos y escúrralos en papel servilleta. Una vez que se hayan enfriado quite el palillo. Coloque los taquitos en una charola y póngalos en el horno caliente por unos minutos.

Ponga los tacos calientes en un platón y deles un toque con crema, cebolla y queso fresco. También se pueden pasar calientes a un recipiente y se sirve el mole huasteco con el pollo desmenuzado con tortillas recién hechas.

TACOS DE TUÉTANO

INGREDIENTES

5 litros de agua

32 huesos de tuétanos cada uno de 10 centímetros de largo

Sal al gusto

Tortillas de maíz

PREPARACIÓN

El tuétano se sirve con frecuencia y desempeña un papel importante en las botanas. Se mezcla con masa para hacer sopecitos y se sirve con salsa y queso fresco desmenuzado.

Ponga el agua en un cazo a lumbre fuerte. Cuando el agua esté hirviendo, agregue los huesos con tuétano y la sal. Baje el fuego y cocine los huesos hasta que el tuétano esté suave, (alrededor de una hora).

Para servir, ponga los huesos en platos individuales y saque el tuétano de los huesos. Sirva con tortillas recién hechas y enrolle los tacos, agregando sal y la salsa de su preferencia. Sirva muy caliente.

TACOS DE VENADO

INGREDIENTES

500 gramos de venado pibil o
asado, finamente deshebrado
1 cebolla asada y molida
6 dientes de ajo
1 ½ cucharadas de sal
1 cucharadita de orégano
molido
⅓ de taza de aceite de maíz
1 cebolla morada, finamente
picada
8 rábanos, finamente picados
¾ de taza de cilantro finamente picado
⅔ de taza de jugo de naranja
1 taza de jugo de naranja agria
⅔ taza de jugo de toronja
Sal al gusto
Tortillas de maíz

Salsa
8 chiles habaneros, asados
2 dientes de ajo, asados
1 taza de jugo de naranja agria
½ taza de agua
Sal al gusto
Tortillas de maíz

PREPARACIÓN

Precaliente el horno a 175° C durante una hora;
ponga la carne de venado en una charola de horno;
muela la cebolla y los ajos y agréguelos a la carne;
sazone con la sal y el orégano; bañe con el aceite;
deje marinar la carne durante una hora; luego cocínela en el horno durante una hora y media o hasta
que esté
cocida pero jugosa; retírela, déjela enfriar y deshébrela muy finamente (como si fuera hilo).

En un recipiente ponga la cebolla morada, los rabanitos y el cilantro picado; incorpore la carne; añada
los jugos de naranja y de toronja y la sal. Revuelva
todo muy bien.

Salsa
Precaliente un comal y ase los chiles y los ajos.
Muela los chiles y los ajos con el jugo de naranja y el
agua. Sazone.

En un platón ponga el venado preparado, acompañado con tortillas y salsa.

SALSAS

ADOBO

INGREDIENTES

1 cabeza de ajo

250 gramos de chiles chinos, secos

250 gramos de chiles anchos rojos, secos

7 clavos

5 gramos de comino

40 gramos de manteca de cerdo

2 litros de caldo de res

Una pizca de orégano

PREPARACIÓN

Fría el ajo en la manteca caliente; enseguida muela con los chiles y las especias. Aparte, fría el espinazo; cuando esté dorado agregue los ingredientes molidos con el caldo y sal. Espere a que la salsa espese; añada el orégano y deje al fuego para que dé unos hervores. Sirva este adobo muy caliente.

SALSA BORRACHA

INGREDIENTES

200 gramos de chiles pasillas
despepitados
200 gramos de chiles mulatos
despepitados
½ taza de aceite de oliva
1 taza de pulque
Sal al gusto

PREPARACIÓN

Dore ligeramente los chiles en el aceite, desvénelos y póngalos a macerar en el pulque por lo menos durante cinco o seis horas, pero de preferencia toda la noche, para que se suavicen. Después los muele en la licuadora con el pulque y el aceite que use anteriormente, hasta que la salsa quede tersa. Se le incorpora sal al gusto.

Nota: esta salsa es típica de la región central de México; su origen es precortesiano. Se acostumbra para acompañar las carnes rojas y muy especialmente la barbacoa de borrego. Lo ideal sería moler los ingredientes en molcajete, pero este utensilio está cada vez más en desuso y se ha sustituido por la licuadora.

SALSA COLORADA

INGREDIENTES

50 gramos de chile piquín seco

50 gramos de chile cascabel
seco

8 dientes de ajo

1 cebolla partida

1 cucharadita de cominos

1 cucharadita de orégano

2 tazas de vinagre

3 hojas de laurel

1 ramita de mejorana

Sal y pimienta al gusto

PREPARACIÓN

Muela los chiles con los ajos, la cebolla, los cominos y el orégano; reserve la mezcla. Sobre una cazuela, ponga al fuego el vinagre con las hierbas de olor a que den un hervor. Retire del fuego y aparte las hierbas de olor. Vierta el vinagre en la mezcla de los chiles, salpimiente e incorpore perfectamente. Después, deje enfriar la salsa y métala en el refrigerador en un frasco de vidrio tapado, durante dos días, para disfrutarla enseguida.

SALSA DE CHILE PASILLA

100 gramos de chiles pasillas asados, desvenados y remojados

500 gramos de tomates verdes asados

1 cebolla mediana asada

2 dientes de ajo

2 tazas de pulque

1 manojito de cilantro finamente picado

Sal y pimienta al gusto

PREPARACIÓN

Licúe los chiles con los tomates, la cebolla, los ajos y el pulque. Al final incorpore el cilantro y salpimiente.

SALSA VERDE

INGREDIENTES

500 gramos de tomates
verdes

8 chiles serranos

1 diente de ajo

Sal al gusto

½ cebolla

2 ramas de cilantro

PREPARACIÓN

Ponga un comal al fuego y allí ase los tomates y los chiles serranos. En un molcajete triture el ajo, los chiles y la sal; enseguida añada los tomates y la cebolla en trozos, moliendo hasta que resulten muy bien incorporados todos los ingredientes. Vierta entonces la salsa en un recipiente y encima esparza un poco de cilantro picado y de hierbabuena.

Nota: cuando quiera hacer salsa roja, sustituya los tomates por igual cantidad de jitomates y siga el mismo procedimiento.

SALSA NORTEÑA A MI MANERA

INGREDIENTES

¼ de taza de aceite

3 dientes de ajo

1 cebolla

500 gramos de tomates verdes picados

6 chiles chipotles adobados, o al gusto

1 cucharada de azúcar morena

3 naranjas (su jugo)

1 cucharadita de comino en polvo

Sal al gusto

PREPARACIÓN

En una sartén ponga a calentar el aceite; después, agregue los ajos, la cebolla, el tomate y los chiles chipotles. Añada el azúcar, el jugo de naranja, el comino y la sal. Deje cocinar hasta que espese.

SALSA DE ESCAMOLES

INGREDIENTES

8 chiles moritas desvenados y
despepitados, o al gusto
1 taza de escamoles
2 dientes de ajo pelados
Sal al gusto

PREPARACIÓN

Lave los chiles y áselos sobre el comal. Aparte, lave y limpie los escamoles; retire los de color oscuro y escurra el resto en un colador. Déjelos secar. Después los muele en el molcajete con los chiles y una pequeña cantidad de agua; añada el ajo y al final sazone con sal.

Nota: Si desea hacer más picosa esta salsa puede incrementar la cantidad de chiles, o bien sustituir los moritas con chiles de árbol.

SALSA DE CHIPOTLE Y CAMARÓN SECO

INGREDIENTES

2 chiles anchos

2 chiles mulatos

2 cucharadas de manteca de cerdo

½ cebolla

100 gramos de camarón seco y molido

25 gramos de ajonjolí dorado en manteca

1 chile chipotle adobado

1 hoja santa desmenuzada

Sal al gusto

Agua, la necesaria

PREPARACIÓN

Tueste los chiles sobre un comal de barro o de metal, cuidando que no se quemen. Enseguida los muele, de preferencia en un metate, y los reserva. En una cacerola caliente la manteca y fría la cebolla hasta que se cristalice. Agregue el polvo de camarón, lo fríe durante dos minutos y enseguida incorpore el chile molido. Deje sazonar durante 10 minutos a fuego medio y añada el chipotle con el ajonjolí, previamente molido en el metate, la hoja santa, sal y agua tibia. Deje hervir la salsa durante cinco minutos, cuidando que no espese demasiado. Se sirve fría o caliente para aderezar carnes, camarones o pescados.

SALSA DE GUSANOS DE MEZQUITE

INGREDIENTES

200 gramos de gusanos de
mezquite
4 jitomates
3 chiles chipotles secos
1 diente de ajo pelado
Sal al gusto

PREPARACIÓN

Ase en el comal, por separado, los gusanos, los jitomates y los chiles. Después muela en el molcajete los chiles con el ajo; agregue los gusanos y, por último, los jitomates. Sazone con sal y mezcle muy bien todos los ingredientes.

Nota: esta salsa es ideal para acompañar cualquier guiso.

SALSA NEGRA
DE NUEVO LEÓN

INGREDIENTES

500 gramos de tomates de
fresadilla
100 gramos de cebolla
4 dientes de ajos
4 chiles piquín o al gusto

PREPARACIÓN

Ase todos los ingredientes en el comal hasta que
queden casi negros y muélalos en el molcajete. Salpimiente.

Nota: en ocasiones se suele sustituir el chile piquín
por puya, serrano, de árbol, cascabel o habanero.

SALSA DE SEMILLAS DE CALABAZA TOSTADAS CON CHICHARRÓN

INGREDIENTES

100 gramos de chicharrón de cerdo

1 chile serrano en tiritas

1 taza de pepitas de calabaza tostadas

1 diente de ajo

3 cebollitas de rabo rebanadas

$1/3$ de taza de jugo de limón

$1/3$ de taza de aceite de oliva

250 gramos de jitomates asados

Sal al gusto

PREPARACIÓN

Mezcle todos los ingredientes en la licuadora hasta obtener una mezcla aterciopelada.

SALSA A LA MARTHA CHAPA

INGREDIENTES

250 gramos de jitomate finamente picado

1 cebolla morada mediana

2 cucharadas de cilantro fresco finamente picado

3 dientes de ajo

2 cucharadas de cáscara de limón o naranja rallada

Sal y pimienta al gusto

1 chile jalapeño finamente picado

PREPARACIÓN

Mezcle bien todos los ingredientes en un tazón o mortero mediano. Sirva como acompañamiento para tacos, en tortillas o burritos, o como un refrescante y apetitoso aderezo para la carne, pollo o mariscos.

Nota: use cebollón si desea obtener un sabor más suave; si necesita la salsa más picosa, añada una pizca de chile rojo o verde picados. Si se almacena de esta forma la salsa puede conservarse.

SALSA CHIMOLE

INGREDIENTES

5 chiles anchos

6 pimientos verdes

2 tortillas frías

2 dientes de ajo

3 jitomates maduros

3 hojitas de epazote

½ cucharada de achiote

100 gramos de manteca de cerdo

Sal la necesaria.

PREPARACIÓN

Tueste los chiles limpios y sin semillas, póngalos a hervir hasta que estén cocidos, agregue agua al líquido de cocimiento para completar un litro. Dore en manteca, cuidando que no se quemen las tortillas. Muela en metate, procesador o licuadora el chile y las tortillas ya doradas, el ajo, los pimientos, el achiote. Diluya la pasta resultante en el agua de cocimiento de los chiles.

Caliente la manteca y fría en ella los jitomates sin piel y las hojas de epazote. Añada el líquido con los chiles y demás ingredientes, y deje hervir 15 minutos más. Esta salsa es ideal para acompañar pescado y mariscos.

SALSA MEXIQUENSE DE CHIPOTLE

INGREDIENTES

3 chiles chipotles secos

2 jitomates picados sin semilla

4 dientes de ajo asados y
pelados

1 cucharadita de canela molida

½ cebolla rebanada

1 pizca de clavo molido

1 cucharadita de mejorana
molida seca

1 cucharada de aceite de oliva

1 cucharada de jugo de limón

1/3 de taza de cacahuates sala-
dos y picados

Sal

PREPARACIÓN

Ase los chiles y póngalos a remojar en media taza de
agua caliente de 15 a 20 minutos o hasta que estén
suaves, quíteles las semillas y licúe con el agua de
remojo.

Agregue los jitomates, cebolla, ajos y cacahuates.
Sazone con las especias, mejorana, aceite y jugo de
limón. Póngales sal al gusto.

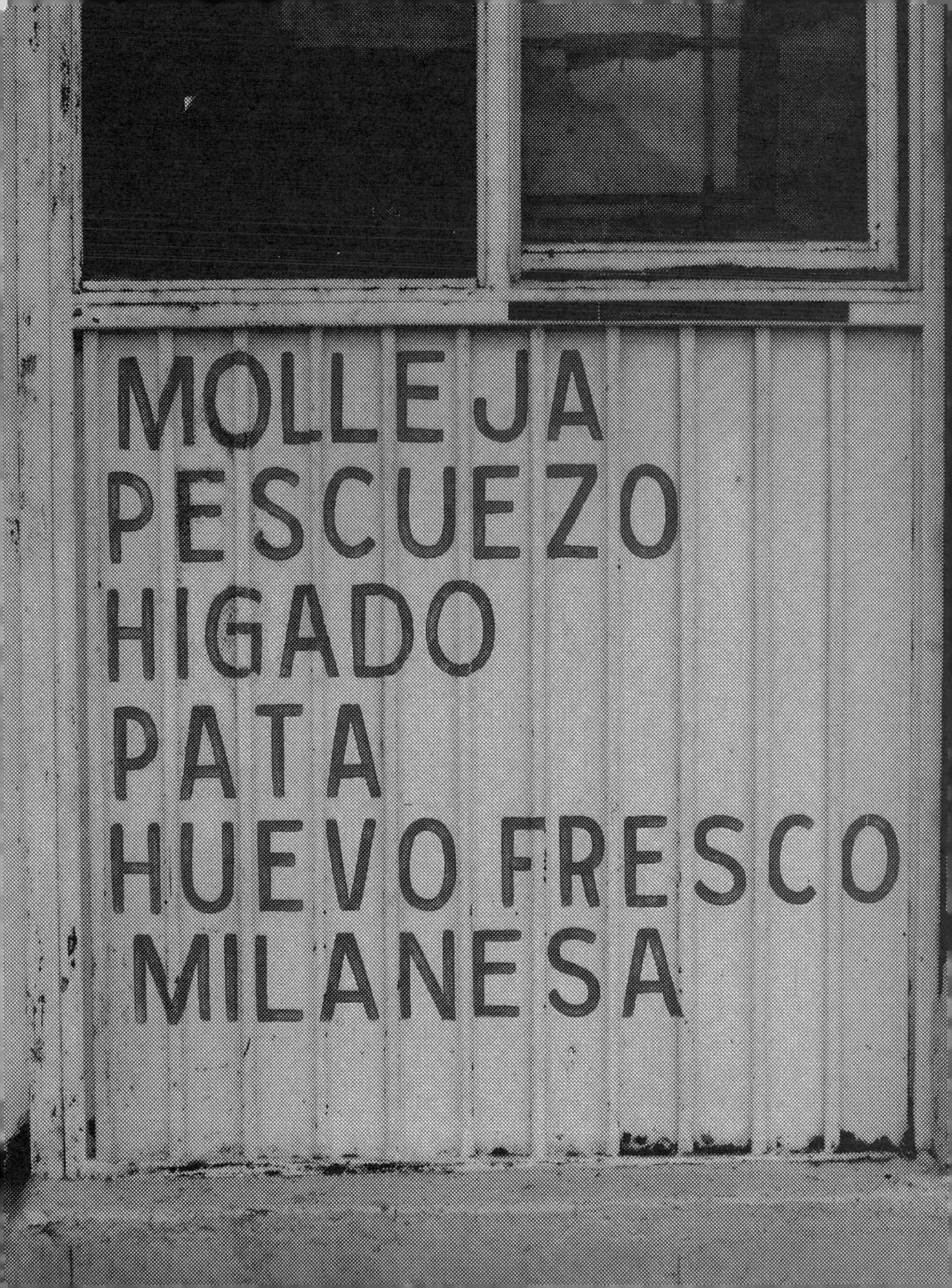
MOLLEJA
PESCUEZO
HIGADO
PATA
HUEVO FRESCO
MILANESA

BIBLIOGRAFÍA

"Antojitos", en *Guía México desconocido* núm. 44, 1998.

Cocina casera, "Tacos, tacos y más tacos..."

"Cocina práctica mexicana", en Radar editores núm. 4.

Cocina práctica mexicana: Deliciosos platillos con chiles, *moles y adobos*

Cocina práctica mexicana: Las más ricas botanas, en Radar núm. 10.

Chapa, Martha, *La cocina Mexicana y su Arte*, Everest Mexicana, España, 1983, pp. 207.

De Saint-Pierre, Yves, Todo sobre la cocina mexicana, Biblioteca Noblesse de Cocina Mexicana.

Especial de Antojitos Mexicanos, "Las más variadas recetas para cualquier ocasión", septiembre, 2004.

Gironella de'Angeli, Alicia, *Cocina mexicana para el mundo: Saberes y sabores*, Everest. Mexicana

Gironella De'Angeli, Alicia y De'angeli, Jorge, *Gran libro de la cocina mexicana*, Larousse

González, Margarita, *Manual práctico, Platillos y antojitos mexicanos*,Editores Mexicanos Unidos, 1985.

Irresistibles platillos presenta: *Salsas picantes mexicanas*, Año 2 núm. 12, Marzo, 2006.

La cocina familiar en el Estado de Guanajuato, CONACULTA OCÉANO, 1988

Las recetas de la abuela, Voluntariado Estatal de Salud de Sinaloa, México, 1994.

"Las más variadas recetas para cualquier ocasión", en *Especial de antojitos Mexicanos*, septiembre, 2004.

Livas, Luna, Adriana, *La cocina familiar en el estado de Coahuila*, CONACULTA OCÉANO.

Los mejores antojitos mexicanos, Gómez Gómez Hnos. Editores.

Quintana, Patricia, *El gran libro de los antojitos mexicanos*

Quintana, Patricia, *El sabor de México*

Recetario mexicano del maíz, Museo Nacional de Culturas Populares, Cultura SEP, 1983.

Velásquez de León, Josefina, *Cocina de la Comarca Lagunera*, Academia de Cocina Velásquez de León, 1957.

Velásquez de León, Josefina, *Platillos regionales de la República Mexicana*, Diana, México, 1987.

Internet
Las recetas de Sarita

Este libro se terminó de imprimir en mayo de 2008,
en Litográfica Ingramex, S.A. de C.V.,
Centeno 162, col. Granjas Esmeralda,
C.P. 09810, México, D.F.